The Japan Accounting and Financial Analysis Examination

ビジネス会計検定試験®

公式テキスト

第**5**版

3級

大阪商工会議所[編]

中央経済社

公式テキスト3級〔第5版〕発行にあたって

　近年，損益計算書や貸借対照表などの財務諸表を理解できる能力（会計リテラシー）の重要性が高まっています。

　企業活動がグローバル化，複雑化，多様化する中で，ビジネスパーソンとして自社や取引先などの経営実態を正しくタイムリーに把握することが必要不可欠になってきたためです。

　大阪商工会議所ではこうした時代の要請に応えて「ビジネス会計検定試験」を企画・開発し，2007年（平成19年）から実施しています。一般的に，財務諸表を理解するには，その作成過程において複式簿記の理解が不可欠だと考えられていますが，この「ビジネス会計検定試験」は，財務諸表を作成するという立場ではなく，できあがった財務諸表を情報として理解し，ビジネスで役立てていくことに重点を置いています。したがって，本検定試験は，簿記の知識がなくても，会計基準，財務諸表に関する諸法令，構造などの知識や分析を通して，企業の財政状態，経営成績，キャッシュ・フローの状況などを判断する能力を問うものです。

　日本商工会議所ならびに大阪商工会議所をはじめとする全国の商工会議所では，1954年（昭和29年）から簿記検定試験を実施し，簿記会計の知識を有する多くの人材を実社会に送り込んできました。私どもは，長年の実績を誇る簿記検定試験に加えてこの「ビジネス会計検定試験」を実施することにより，会計リテラシーを持つ人材の裾野がさらに広がることを期待しております。

　本書は3級検定試験を受験いただくための学習用教材であり，初学者が企業の会計情報に関する基本的な知識や分析力を習得できるように作られたものです。本テキストでは，記載した内容の理解を深めていただくため，各章ごとに「学習のポイント」を掲載するとともに，多くの図表や例題を載せています。例題を反復して解き，テキストの内容を確認することにより，確実

な知識を身につけていただきたいと思います。また，公式過去問題集 3 級（編：大阪商工会議所，発行：中央経済社）を発売していますので，検定試験対策としてご活用ください。

　本書や「ビジネス会計検定試験」の学習を通じて，一人でも多くの方が会計や財務分析に関心を持ち，ビジネスの場はもとより，日常生活のなかで大いに役立てていただくきっかけになれば幸いです。

　2023年 3 月

大阪商工会議所

は じ め に

　会計はビジネスの言語といわれます。企業経営を円滑に進めるには，会計数値による計数管理が必須ですし，企業が作成する財務諸表（決算書）を中心とした会計情報は，とくに上場会社を中心とした大会社においては公開が義務づけられています。また，中小企業であっても，融資の審査を受けたり，納税の申告を行ったりする際に，会計情報の作成が不可欠です。この観点からは，財務諸表の作成が主眼となります。それに対応する知識を得られるのが簿記検定です。簿記検定は財務諸表の作成に関わる知識に関して広く普及した検定試験です。

　ところが，財務諸表を作成することは会計の最終の目的ではありません。上場会社の会計情報が公開される目的は大きく2つあります。1つは，株主・投資者から資本の出資を受けた経営者が，資本を受託した結果の報告を資金の委託者（株主・投資者）に行うことにあります。もう1つは，各種の企業関係者（ステークホルダー）に，広く企業の状況を開示し，企業の財政状態，経営成績や資金の状況についての情報を提供することにあります。ステークホルダーは財務諸表を通じて企業の状況を読み取ることになります。会計知識は，会計情報を作成する経理パーソンにだけ必要なものではなく，企業や組織と関わるすべてのステークホルダーにとって，必須の知識といえます。地図の利用者が基本的なルールを知っていれば，地図の作成を意識しなくても利用できるのと同様に，会計情報にも，作成を意識しなくても利用できる領域があります。それが財務諸表を読んで企業情報を解釈する領域であり，一般に財務諸表分析といわれます。ビジネス会計検定試験は，財務諸表分析を行って企業の状況を知るための，基本的な会計ルールと，財務諸表の仕組み，さらにはそれを読解するための知識を得られる検定試験として開発されました。

　企業に関する情報は溢れています。近年ではインターネットの普及に伴い，

情報は爆発的に増加しており，成否の判断がむずかしい情報や誤った情報が流されたりもします。会計の世界では，公開情報の信頼性を担保するための取り組みが継続的に行われており，そのもとで公式に公開されるのが財務諸表です。もとより不正経理の存在は完全には否定できませんが，その監視を含めて，会計知識の広汎な普及が，健全な経済社会を支える基盤となります。また，企業活動はますますグローバル化の度合いを高めており，財務諸表を読み取るルールも国際化が進展しています。それが国際会計基準（IFRS）であり，日本の会計ルールも急速に IFRS への対応が進んでいます。会計知識を学ぶことは，企業を見る目を世界にも拡げる端緒にもなるでしょう。

　また，ビジネスパーソンにとどまらず，規制に関わる自治体は企業についての各種判断を行う際にも財務諸表を利用しますし，自治体そのものや各種の公共団体，民間組織にも財務諸表に関わる知識が有用な場面が多様に存在します。ビジネス会計検定試験は，時として敬遠されがちな会計情報の利用にまつわる多様で多彩な知識を，テキストの学習を通じて学ぶことができる検定試験です。本検定試験を通して，ビジネスパーソンや自治体職員，さらにはこれから社会に出ようとする学生の皆さんをはじめとする，いわば一般社会人としての多くの方々が，会計に関する正しい知識や分析力を身につけていただき，経済社会に必須の知識能力を高めていただくことを願ってやみません。

　2023年 3 月

大阪商工会議所
ビジネス会計検定試験　検定委員会

委員長　梶浦　昭友

目　　次

I

第5章　財務諸表分析

第1章 「財務諸表」とは

　ビジネス会計検定試験３級では，企業が財務状況を明らかにするために作成し，公開する会計情報である財務諸表（決算書）を読み取って，企業の状況を判断するのに役立つ基本的な事項を体系的に学びます。

　財務諸表が作成され，公開されるのは，企業をめぐる多様なステークホルダーがその情報を利用しようとするからです。そのため本章では，まず，⑴どのようなステークホルダーがどのような関心事をもって財務諸表を利用しようとするのかを学びます。次いで，⑵会計の基本的なプロセス，手順について学びます。財務諸表には経理部門による作成という重要なプロセスがありますが，同時にステークホルダーによる利用というプロセスがあるのです。作成を意識せず地図を利用するのと同様，財務諸表も利用されるために存在しています。ビジネス会計検定試験は，財務諸表を利用するための知識を問う試験です。また，財務諸表は複数の財務表（計算書）を意味しますが，企業の状況を知るための重要情報ですから，会社法や金融商品取引法のもとで規制があり，計算書の種類はそれぞれの規制で少し差異があります。そこで⑶財務諸表を構成する計算書の種類と体系を学びます。

　これらの学習を基礎として，第２章以下でそれぞれの計算書のしくみを学ぶとともに，第５章で財務諸表分析と呼ばれる財務諸表の読み方についての計算技法と基本的な解釈方法を学びます。

第1節　財務諸表の利用

　企業に関する各種の情報はあふれています。そのなかで一般的に決算書と呼ばれる情報が財務諸表です。財務諸表は，営利組織として効率的に利益を稼ぐことを目的とした企業の状況を表す情報群を，会計という一定の視点からまとめた会計情報の根幹をなすものです。本書では，財務諸表の基本的な内容と読み方について，順次，学んでいきます。

　ある会社の利益2兆円というように，マスコミなどを通じて企業のもうけである利益が取り上げられることが多いですが，この利益こそ，会計がそのプロセスを通じて集計した数値です。利益は主に経営成績を表す損益計算書で公表されますが，企業の財政状態を表す貸借対照表の利益剰余金（第2章第4節参照）にも含まれています。株主が企業に対して出資している内容の変動に関する株主資本等変動計算書（p. 54コラム参照）や，資金の状況を表示するキャッシュ・フロー計算書も公表されます。

　財務諸表は，当該企業の各部署の日々の取引を記録，集計することによって，最終的に経理部門が作成します。財務諸表の作成は会計の重要な任務ですが，作成することそれ自体が会計の役割のすべてではありません。作成した情報を公開・開示して，企業の状況について知ろうとする各種のステークホルダー（利害関係者）に提供することも会計の重要な機能の1つです。このことをディスクロージャー（企業内容の開示）といいます。

　会計情報と会計情報の利用者であるステークホルダーとの関係を図示すると図表1-1のようになります。たとえば，経営者は，財務諸表などの会計情報をよりどころにして経営上の種々の判断を行います。投資

者にとっては，投資を行うか否かの判断や，すでに行っている投資の増減，さらには維持などの判断に会計情報が不可欠です。資金の融資を行う債権者は，融資をするかどうかの判断に会計情報を使います。また，従業員は会計情報をもとに自社の経営内容を分析して，給料の妥当性を判断します。取引先は，会計情報をもとに債権の回収可能性を評価した上で取引契約を結びます。国・地方自治体も企業の会計情報にもとづいて，税金の徴収や料金規制を行います。電気，ガス，水道などの公共事業や運輸業による料金の規制の際に，会計情報が不可欠なのです。

図表1-1　会計情報と主な利用者

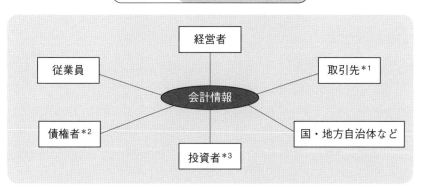

＊1　会社の商品・製品・サービスを買う側の顧客（得意先）と会社へ材料・商品・製品・サービスを売る側の供給者（仕入先）が代表的な取引先。
＊2　会社へ金を貸し付ける金融機関や，会社へ掛（ツケのこと）売りをする仕入先など，会社に対して資金の請求権を有する関係者。
＊3　株式・社債などの購入によって会社に資金を出している人および株式・社債の購入を検討中の人。このうち株式の保有者を株主という。

　ステークホルダーは多様です。図表1-1に示した企業を取り巻くステークホルダーとそれらが企業に関して行う意思決定，その際の関心事の代表例をもう少し具体的に示して整理すると図表1-2のようになります。

ステークホルダー		意思決定	関 心 事
投資者	株式投資者・株主	株の売買	・キャピタルゲイン（値上がり益） ・インカムゲイン（配当金）
	社債投資者 （社債権者）	社債の売買	・元本の償還 ・利息の支払い
金融機関		融資の可否	・元本の返済 ・利息の支払い
取引先	得意先 （顧客）	商品・製品・サービスの購入	・価格 ・製品の品質・安全性 ・アフター・サービス
	仕入先 （企業への供給者）	原材料・商品・サービスの供給	・価格 ・掛売りの可否・許容金額 （掛売り代金の回収可能性）
経営者		経営管理	・企業の存続・発展 ・企業の業績 ・投資家からの評価
従業員		労働力の提供	・賃金 ・雇用の確保 ・福利厚生
地域住民		企業との共存	・環境 ・経済的恩恵 ・社会貢献
国・地方自治体		税金の徴収	・課税所得 ・担税力（税金支払能力）

　図表1-2でわかるように，さまざまなステークホルダーが多様な関心をもって財務諸表を利用します。それとともに，金融機関や国・地方自治体といった組織を除いて，人々はいくつかの企業について複数の種類のステークホルダーである場合があります。1人の人が同時に投資者

であったり，従業員であったり，顧客であったりします。また，企業が存在する地域の住民であったりします。われわれの生活は企業を1つの重要な核として営まれています。

第2節　会計の基本的プロセスと財務諸表分析

会計の基本的プロセスは，図表1-3のように表現できます。

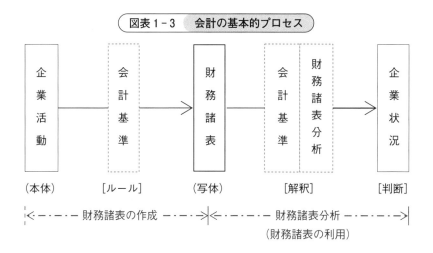

図表1-3　会計の基本的プロセス

まず，財務諸表の作成のプロセスがあります。簿記と呼ばれるしくみを用いて，企業活動（本体）を財務諸表（写体）に写し取ります。そして，作成された財務諸表からステークホルダーが企業の状況を解釈して各種の意思決定や判断に利用するのが財務諸表分析です。財務諸表分析は，企業の状況（本体）を写し取った財務諸表（写体）を読んで解釈し，本体としての企業の状況を判断する手順や方法です。そのため，とくに上場企業のようにステークホルダーが多岐にわたり，企業の状況が多くのステークホルダーに影響を与える企業の財務諸表は公開・開示される

のです。

　これらの関係は地図と似ています。地図の場合，地表の状態が本体（写し取られる事実：被写体）にあたり，地図が写体（写し取られた射影・映像）にあたります。地図は実際にはデコボコした地表の状態を，地形図作成のルールに従って紙面などに写し取ったものです。地図にも作成者がいますが，地図を利用するのは多くの一般の人々です。地図ならば，作成の側面だけでなく利用の側面もあることが容易に理解できるでしょう。財務諸表の作成と利用も同じ考え方なのです。

　地図を利用する場合に地形図の記号などのルールを知っていないと，地図は単なる絵模様に過ぎないのと同様に，財務諸表分析に関しては財務諸表作成のルール，すなわち会計基準を学ぶことが必要になります。図表1−3において財務諸表の作成と財務諸表分析の双方に会計基準が入っているのはこのためです。

第3節　財務諸表の体系と開示媒体

 財務諸表の体系

　財務諸表は，前述のとおり企業活動に伴う企業の財務状況を明らかにする一組の計算書であり，いくつかの種類があります。なかでもとくに重要なのが，企業の財政状態を示す**貸借対照表**（第2章）と経営成績を示す**損益計算書**（第3章）の2つの財務諸表です。また，企業活動に伴う資金の出入りの状況を示す**キャッシュ・フロー計算書**（第4章）も重要な財務諸表です。これら3つをあわせて財務三表ということもあります。

　財務諸表を株主や債権者などのステークホルダーに対して開示するディスクロージャーに関しては，**会社法**と**金融商品取引法**という2つの法律による規制があります。このうち会社法は，事業を行うすべての会社に適用されます。そこでは，株式会社は，会社の規模に応じて貸借対照表かまたは貸借対照表と損益計算書を公告することが定められています。これを決算公告といいます。また，金融商品取引法は，有価証券（株式や社債）を発行して金融商品取引所（証券取引所）を通じて資本市場から資金を調達し，資本市場で有価証券が流通している会社に適用される法律であり，財務諸表を含んだ詳細な企業情報の開示が定められています。

　なお，会社法では財務諸表に該当する計算書の体系を**計算書類**といい，貸借対照表，損益計算書，**株主資本等変動計算書**および**個別注記表**が含まれます。また，金融商品取引法では，貸借対照表，損益計算書，株主資本等変動計算書およびキャッシュ・フロー計算書に**附属明細表**を加えて**財務諸表**と呼びます。両者の違いは，図表1-4に示すとおりです。

図表1-4　財務諸表（計算書類）の体系

会社法上の計算書類の体系	金融商品取引法上の財務諸表の体系
貸借対照表 損益計算書 株主資本等変動計算書 個別注記表	貸借対照表 損益計算書 株主資本等変動計算書 キャッシュ・フロー計算書 附属明細表

　本テキストでは，このうち金融商品取引法の財務諸表の体系を中心として学習します。そこで，第2章で貸借対照表について，第3章で損益計算書について，第4章でキャッシュ・フロー計算書について解説しま

す。そのうえで，第5章でそれらを読んで利用するための財務諸表分析の方法について説明します。なお，株主資本等変動計算書については，第1節で簡単に触れましたが，詳細は公式テキスト2級で学習します。

　ところで，図表1-4は，個々の会社が作成する財務諸表（計算書類）の体系ですが，今日では，多くの企業がグループ経営を前提として経営戦略を展開しています。そのため，事業活動の成否を評価するには，企業グループを単一の組織体とみなした財務諸表である**連結財務諸表**が有用になります。

　連結財務諸表の体系についても，図表1-5に示すように，会社法と金融商品取引法との間に差異があります。会社法上の連結計算書類の体系には，連結貸借対照表，連結損益計算書，連結株主資本等変動計算書および連結注記表が含まれます。他方，金融商品取引法上の連結財務諸表の体系には，連結貸借対照表，連結損益計算書，連結包括利益計算書，連結株主資本等変動計算書，連結キャッシュ・フロー計算書および連結附属明細表が含まれます。

図表1-5　連結財務諸表（連結計算書類）の体系

会社法上の連結計算書類の体系	金融商品取引法上の連結財務諸表の体系
連結貸借対照表 連結損益計算書 連結株主資本等変動計算書 連結注記表	連結貸借対照表 連結損益計算書 連結包括利益計算書 連結株主資本等変動計算書 連結キャッシュ・フロー計算書 連結附属明細表

　連結財務諸表については，公式テキスト2級で学習します。

② 主要な開示媒体

　会社法による開示の基本は，前述の株式会社による決算公告ですが，実際には行っていない会社も多いのが事実です。一般的に目にすることが多い開示媒体は，**株主総会招集通知**であり，その中に計算書類や連結計算書類が含まれます。本来は株主に対するものですが，上場会社は，自社の Web や以下に述べる TDnet で公表することを要求されており，株主以外でも閲覧することができる会社が増えてきています。

　また，金融商品取引法で代表的な開示媒体は，**有価証券報告書**です。金融商品取引法が適用される会社は，金融庁が設けた EDINET と呼ばれる電子開示システムに，この報告書を電子ファイルで提出し，そこに財務諸表や連結財務諸表が含まれています。この報告書は法定の企業情報としては最も詳細な情報が掲載された書類です。

　なお，法令によるもののほかに，証券取引所が要請する開示書類として**決算短信**があります。一般に決算発表と呼ばれる際に提出される書類を，同時に東京証券取引所が整備した TDnet という適時開示システムにも提出します。金融商品取引法の規制下での連結財務諸表（ない場合には財務諸表）が含まれており，もっとも早く公式に公表される情報です。

第4節　会社法と金融商品取引法の目的

　このように，企業の会計に関する制度には，会社法と金融商品取引法の2つの制度があり，これらの制度にもとづいて財務諸表（計算書類）が公開されています。2つの制度があるのは，会社法と金融商品取引法

9

では，立法の趣旨や対象となるステークホルダーに相違があるからです。

会社法は，情報開示を通して，主に**株主・債権者の保護**を目的としています。会社法の趣旨は，資金の受け手である経営者（資金の受託者）が，資金の出し手である株主（資金の委託者）に対して，委託された資金の運用顛末を報告するという情報開示の仕組みです。これを**アカウンタビリティ**（説明責任・会計責任）と呼びます。アカウンタビリティはとくに経営者と株主の間の資金の受託・委託関係の説明に用いられます。あわせて，もう１つの資金の出し手である債権者については，受託・委託関係はありませんが，出している資金の保全を行って債権者を保護する仕組みを会計に組み込んでおり，その状態を情報として開示しています。

これに対して**金融商品取引法**は，主に**投資者の保護**を目的にしています。有価証券の売買を通じて，企業に資金を投資するステークホルダーである投資者は，企業の情報なしには的確な投資判断が行えません。そのため，有価証券の売買を円滑に進めるための基盤をなすものが金融商品取引法による情報開示制度です。投資者保護といっても，投資者の投資の失敗が保護されるわけではありません。投資行動は，投資者みずからの判断と責任で行わなければなりません。これを自己責任原則といいます。金融商品取引法の立法趣旨は，投資者が投資判断を行うために十分な情報を開示して，投資者が自己責任原則のもとに投資行動を行えるようにすることにあります。例えば，開示情報に虚偽があれば自己責任原則を全うできません。そのために，情報の適正性を担保する監査制度が設けられています。このように，金融商品取引法は，自己責任原則での投資行動を保証する基盤となる情報開示を求めています。

本テキストの学習を通じて，開示情報の中でもとりわけ重要な情報である財務諸表の仕組みを理解し，財務諸表の読み方を習得して，企業の

実態を判断するための基本的な分析能力を養っていただくことを期待します。

コラム　財務諸表に表示される数値の誤差

　第2章から，個々の財務諸表の内容や表示について学びます。具体的な表示内容については各章で学びますが，初めて学ぶ場合，表示上の数値計算の誤差に戸惑うことがあります。

　例えば第2章の貸借対照表では，流動資産，固定資産および繰延資産の合計が資産合計になります。これらは会計数値ですから，本来の数値は1円の単位まで計算されます。ところが各計算書を開示（公表）する場合には，通常，百万円単位あるいは千円単位で表示されることになっています。単位未満の処理に決まりはありません。四捨五入が想定されますが，実際に一番多いのは，単位未満を切り捨てにする処理です。いずれの場合も，時として次のような計算上の誤差が末尾の桁に生じます。

(本来の数値，単位：円)	(開示数値，単位：千円)	
	＜単位未満・四捨五入＞	＜単位未満・切り捨て＞
流動資産　234,567	流動資産　235	流動資産　234
固定資産　876,543	固定資産　877	固定資産　876
繰延資産　10,000	繰延資産　10	繰延資産　10
資産合計 1,121,110	資産合計 1,121	資産合計 1,121

　開示数値は，各項目ごとに単位未満処理をします。そのため，事例では，四捨五入であれ，切り捨てであれ，流動資産＋固定資産＋繰延資産＝資産合計になっていません。ここでは，3つの項目の合計例ですが，実際の財務諸表ではもっと多い項目の加減算もあり，誤差がさらに大きくなることもあります。もちろん誤差が出ない場合もありますが，開示数値の単位未満処理に関してあらかじめ留意しておきましょう。ただし，財務諸表を読むという観点からは，この誤差を気に留める必要はありません。

第2章 貸借対照表

学習のポイント

　貸借対照表とは，ある一定時点において企業がその活動に利用している資金がどのような源泉から調達され，その資金がどのように運用されているのか，すなわち資金の調達源泉とその運用形態を対照表示した計算書です。この意味で，貸借対照表は企業の財政状態を表示する計算書であるといわれています。

　この章では，(1)貸借対照表は何を示す計算書であるのか，(2)貸借対照表はどのような構造・様式になっているのか，(3)貸借対照表に示される資産，負債および純資産とは何か，(4)資産，負債および純資産それぞれを構成している項目の内容を学びます。

　次に，これらの理解にもとづいて，貸借対照表の具体的な読み方を学びます。この知識は，最終的な目標である財務諸表の分析をするために必要不可欠となります。

第1節　貸借対照表のしくみ

1　貸借対照表とは

　<ruby>貸借対照表<rt>たいしゃくたいしょうひょう</rt></ruby>（英語表記は Balance Sheet〈略〉B/S）は，ある一定時点で企業がその活動に利用している資金がどのような源泉から調達され，その資金がどのように運用されているのか，すなわち資金の調達源泉とその運用形態を対照表示した計算書です。

　貸借対照表の右側には資金の調達源泉である**負債**（第3節参照）と**純資産**（第4節参照）が，左側にはその資金の運用形態である**資産**（第2節参照）が示されています。このように，資金の調達源泉とその運用形態の双方を示しているという意味で，貸借対照表は企業の財政状態を表しているといわれています。

　また，右側の資金の調達源泉は負債と純資産の2つに分けて示されています。負債はいずれ返済が必要なもので，**他人資本**とも呼ばれます。これに対して純資産は原則として返済する必要がなく，**自己資本**とも呼ば

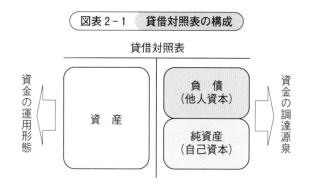

図表2-1　貸借対照表の構成

貸借対照表

資金の運用形態　⇦　資　産　｜　負　債（他人資本）／純資産（自己資本）　⇨　資金の調達源泉

れており，このような相違を反映して2つに区分して表示されています。

　貸借対照表は企業の同一の資金について源泉と運用の双方の視点から表現するものであるところから，左右の合計が等しくなっており，必ず「**資産合計＝負債合計＋純資産合計**」になります。

② 貸借対照表の様式

　貸借対照表の様式には**勘定式**と**報告式**の2つの種類があります。勘定式の貸借対照表は前述したように資産を左側に，負債と純資産を右側に対照表示したもので，1つの期間の財政状態を概観することが容易になります。報告式は，資産，負債，純資産の順に配列する方法で，複数の期間の数値を並列して表示することができます（図表2-2参照）。

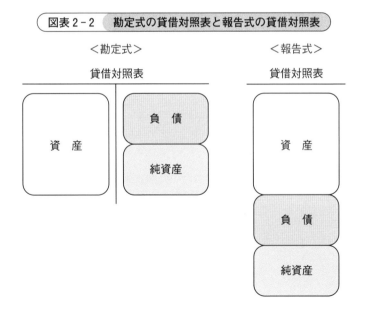

図表2-2　勘定式の貸借対照表と報告式の貸借対照表

貸　借　対　照　表

X 5 年 3 月31日　　　　　　　　　　（単位：百万円）

（資産の部）		（負債の部）	
流動資産	12,538	流動負債	7,219
現金及び預金	2,619	支払手形	676
受取手形	2,129	電子記録債務	1,730
電子記録債権	1,165	買掛金	544
売掛金	2,260	契約負債	150
契約資産	75	短期借入金	1,850
有価証券	1,500	未払金	210
製品	2,106	未払費用	925
原材料	361	未払法人税等	533
仕掛品	280	預り金	34
貯蔵品	52	賞与引当金	240
その他	13	その他	326
貸倒引当金	△22	固定負債	774
固定資産	11,141	社債	25
有形固定資産	7,493	長期借入金	80
建物	2,648	繰延税金負債	159
構築物	74	退職給付引当金	158
機械及び装置	953	その他	352
車両運搬具	7	負債合計	7,993
工具，器具及び備品	414	（純資産の部）	
土地	3,234	株主資本	14,561
建設仮勘定	163	資本金	3,737
無形固定資産	148	資本剰余金	3,921
商標権	1	資本準備金	3,918
ソフトウェア	113	その他資本剰余金	3
その他	34	利益剰余金	7,271
投資その他の資産	3,498	利益準備金	614
投資有価証券	2,435	その他利益剰余金	6,657
関係会社株式	115	自己株式	△369
長期前払費用	18	評価・換算差額等	1,125
その他	930	その他有価証券評価差額金	835
繰延資産	1	土地再評価差額金	290
開発費	1	純資産合計	15,686
資産合計	23,680	負債純資産合計	23,680

※　なお△はマイナスを意味する。

図表2-3は勘定式の貸借対照表の事例で，主に株主向けの報告書などで利用されます。これに対して，報告式の貸借対照表は一般向けの報告書である有価証券報告書などで利用されています。

例題2-1

貸借対照表に関する次の文章のうち，誤っているものの個数を選びなさい。

ア．貸借対照表はB/Sと呼ばれる。

イ．勘定式の貸借対照表の左側には資産，右側には負債と純資産が記載される。

ウ．勘定式の貸借対照表の左側には純資産，右側には負債と資産が記載される。

エ．報告式の貸借対照表は資産，負債，純資産の順で記載される。

オ．勘定式の貸借対照表の左側には資金の調達源泉，右側には運用形態が示されている。

| （選択肢） | ① 1つ | ② 2つ | ③ 3つ | ④ 4つ |
| | ⑤ 5つ | | | |

解答

②

解説

ウ．誤り。勘定式の貸借対照表の左側には資産，右側には負債と純資産が記載される。オ．誤り。勘定式の貸借対照表の左側には資金の運用形態，右側には調達源泉が示されている。

❸ 貸借対照表の表示

(1) 流動項目と固定項目の区別

　貸借対照表では，資産は**流動資産**，**固定資産**および**繰延資産**（くりのべしさん）（第2章第2節❺参照）に，負債は**流動負債**と**固定負債**に区分して表示されます。資金の運用形態としての資産は，運用している資金の回収が短期になされる部分（流動資産）とそうでない部分（固定資産）とに分類し，資金の調達源泉としての負債については，企業が調達した資金の返済が迫っている部分（流動負債）とそうでない部分（固定負債）に分類することによって，貸借対照表において流動比率（p. 180）のような一層多くの情報を入手可能にするための工夫をしています（図表2-4）。

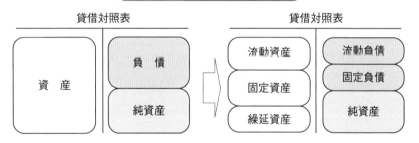

図表2-4　流動項目と固定項目

　資産と負債を流動と固定に分類する基準として「**正常営業循環基準**」（せいじょうえいぎょうじゅんかんきじゅん）と「**ワンイヤー・ルール（1年基準）**」があります。それぞれの基準の内容は図表2-5のとおりですが，資産を流動資産と固定資産に分類する際には，まず正常営業循環基準を適用し，この原則で流動資産に分類されなかった項目についてはさらにワンイヤー・ルールを適用し，該当するものは流動資産に分類されます。また，負債についても同様に分類

が行われます。

図表2-5　正常営業循環基準とワンイヤー・ルール

正常営業循環基準	仕入→製造→販売（これを正常営業循環という）に至る営業の循環を1つのサイクルと考え，このサイクルの過程にある項目を流動資産ないし流動負債とする。それ以外の項目についてはワンイヤー・ルールを適用する。
ワンイヤー・ルール（1年基準）	決算日の翌日から起算して1年以内に履行期日（予定された受取りあるいは支払いの日）の到来する債権および債務については流動資産ないし流動負債とし，それ以外は固定資産ないし固定負債とする基準。

(2)　配列の方法

　一般的な企業ではまず，流動資産と固定資産，そして流動負債と固定負債に分類し，流動項目を先に配列する**流動性配列法**が採用されています。なお，電力業，ガス業のように，その特性にかんがみ，法令によって流動資産より固定資産，流動負債より固定負債を先に記載する**固定性配列法**を採用するよう義務づけられている業種もあります（図表2-6参照）。

図表2-6　流動性配列法と固定性配列法

流動性配列法の場合，それぞれの項目について流動性の高い順（現金化しやすい順）に配列します。たとえば，流動資産は図表2-7のように配列されます。なお，固定性配列法を採用する場合でも，流動資産や流動負債を構成する項目自体は流動性の高い順に配列されます。

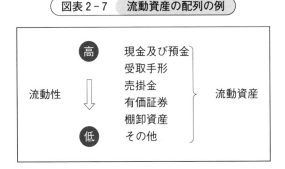

図表2-7　流動資産の配列の例

(3)　総額主義の原則

　資産・負債および純資産は総額によって表示することが原則です。資産の項目と負債の項目または純資産の項目とを相殺することによって，その全部または一部を貸借対照表から除外してはならないとされています。これを総額主義の原則といいます。

　たとえば，貸付金（かしつけきん）と借入金（かりいれきん）の相殺消去を行うと実際の債権や債務の存在がわからなくなるため，資金の調達源泉と運用形態の関係を知ることができず，ひいては会社の財政状態を正しく理解できないことになります。

(4)　重要性の原則

　貸借対照表上，その項目の性質や金額について重要性が乏しい場合は簡潔に示すことが認められています。これを重要性の原則といいます。

例題2-2

次の(a)から(d)に入る選択肢を選びなさい。

資産および負債の流動・固定の区分基準として（　a　）と（　b　）があり，（　a　）が優先して適用される。資産の項目と負債の項目または純資産の項目とを相殺することによって，その全部または一部を貸借対照表から除外してはならないとする（　c　）の原則や，その項目の性質や金額について重要性が乏しい場合には簡潔に示すことができるとする（　d　）の原則が適用される。

（選択肢）	①	流動性配列法	②	正常営業循環基準
	③	重要性	④	ワンイヤー・ルール
	⑤	総額主義		

解答

　a．②　　b．④　　c．⑤　　d．③

解説

　図表2-5，❸(3)総額主義の原則および(4)重要性の原則を参照。貸借対照表上，流動項目と固定項目との区別には正常営業循環基準が優先して適用され，次に，ワンイヤー・ルールが適用される。この2つの基準によって流動資産および流動負債が決定され，それ以外のものが固定資産および固定負債となる。

次の(a)から(d)に入る選択肢を選びなさい。

貸借対照表上の項目の配列法には（　a　）配列法と（　b　）配列法があり，特定の業種を除き，わが国では原則として，（　a　）配列法が採用されている。（　a　）配列法においては，流動資産に関して流動性の（　c　）ものから（　d　）ものへ順に並べられる。

（選択肢）　①　低い　　②　流動性　　③　平均　　④　高い
　　　　　　⑤　固定性

解答

　　a．②　　b．⑤　　c．④　　d．①

解説

　　図表 2 - 6，図表 2 - 7 参照。流動性配列法では流動性の高いものから順に並べられる。

第2節 資産とは

 資産の概念と分類

　資産とは，将来において企業に経済的利益をもたらすと期待されるもので，貨幣額で示すことが可能なものをいいます。

　企業が資産を保有するのはそれが経済的利益を生み出すことを期待しているからで，有形（たとえば建物）であるか無形（たとえば，特許権のような権利）であるかは問いません。

　また，当該企業に経済的利益をもたらすものとは，資産を有している企業が排他的（あるいは独占的）にその経済的利益を受け取ることができることを意味し，これに該当しないものは資産としては扱われません。

　さらに，経済活動を統一的に把握する尺度として貨幣が利用され，貨幣額で示すことができないものは資産として扱われません。

　資産には，現金や預金，貸付金，土地，建物などが含まれますが，前述のとおり，資産は図表2-8のように3つに分類され，流動資産と固定資産に分類するために，まずは正常営業循環基準が適用され次にワン

図表2-8 資産の分類

資産	流動資産	正常営業循環過程にある資産と，それ以外の資産で決算日の翌日から起算して1年以内に現金化できる資産
	固定資産	正常営業循環過程にない資産で，決算日の翌日から起算して1年を超えて保有予定の資産
	繰延資産	

イヤー・ルールが適用されます。

② 資産の金額

貸借対照表に記載される資産の金額の決定基準は，図表2-9に示すように，資産の種類により異なります。

図表2-9　資産の種類と評価基準

資産の種類	資産の性質	原則的評価基準
事業用資産	製造・販売など，本来の企業活動に利用される資産	取得原価
金融資産	現金や売掛金のような他の企業から現金を受け取る権利，他の企業の株式などの将来の支払手段として待機中の資産など	時　価

⑴　取得原価

取得原価とは資産の取得のために支出した金額です。たとえば，資産を購入した場合，購入価額に付随費用（買入手数料，引取費用，関税など）を加えた金額が取得原価となり，製品などを製造した場合，適正な原価計算基準に従って計算された製造原価（材料費，労務費および経費の合計）がその取得原価となります。

取得原価は支出額ですが，客観的で，信頼性が高いという長所があります。しかし，その金額は過去の取引の結果であって，時が経過するにつれて資産価額が実態からかけ離れてしまうという短所があります。たとえば，土地を1億円で買った場合，その後にその土地の価額が3億円になっていても，貸借対照表上は，1億円で表示されます。

建物や土地のような事業用資産については，取得原価が原則的な評価基準となります。その理由は，事業用資産を保有する目的は本来の企業の活動に利用するためであり，その価格の変動が会社にとって大きな意味を持たず，その本来の目的のために取得原価で据え置くことが適切だからです。

(2)　時価

時価とは期末時点での資産の評価額（たとえば市場価格）のことです。

時価は，期末時点の最新の資産の価格を反映できるという長所があります。しかし，現実に取引をしたわけではない市場価格などを利用するために，取得時より値上がりした場合に資金的裏付けに欠ける未実現の評価益が計上されるという欠点があります。

売買を目的とした有価証券のような金融資産については，時価が原則的な評価方法となります。その理由は，売買を目的とした金融資産を保有する目的は余裕資金の運用であり，原則として，その資産の売買を繰り返すことによって達成されます。その売却は容易で，期末時点での時価（市場価格）で誰でも売買することが可能であるため，取得原価よりも時価で評価することが適切だからです。

図表 2-10　取得原価と時価の比較

	取得原価	時　価
内　容	資産の取得のために支出した金額	期末時点での資産の評価額
長　所	客観的で信頼性が高い	期末時点の最新の価格を反映できる
短　所	時が経過するにつれて，実態からかけ離れる可能性がある	資金的裏付けに欠ける未実現利益が計上される可能性がある

　企業会計における記録・計算はすべて「金額」単位で行われます。企業活動はさまざまですから，それらをメートル，キログラム，個数などの異なる単位（尺度）で記録することは可能ですが，それでは企業活動を統一的に把握することはできなくなります。そこで，共通の単位として貨幣単位（日本ならば円，アメリカならばドル，ＥＵならばユーロ）を使うのです。逆に言えば，貨幣単位に適切に置き換えることができない活動や財産は，いくら重要であっても企業会計の対象とはなり得ません。たとえば，人的資源は企業経営にとってきわめて重要な財産であることは明らかですが，企業会計には反映されません。

❸ 流動資産

　流動資産には図表2-11のような項目が含まれます。

　なお，受取手形や売掛金などの債権は相手先の倒産などによりその一部が回収不能になる場合があり，これを**貸倒れ**（かしだお）といいます。企業会計では，このような貸倒れの可能性を決算時に過去の実績にもとづいて見積もりますが，この見積額を**貸倒引当金**（かしだおれひきあてきん）といい，受取手形や売掛金から控除する形式で表示したり，その控除後の金額で表示したりします（p. 28例示1および2参照）。

　図表2-12のように，流動資産に含まれる有価証券は，時価の変動により利益を得ることを目的として保有されるもの（売買目的有価証券）と決算日の翌日から起算して1年以内に満期の到来する他社の社債などに限定されており，それ以外の有価証券は原則として固定資産に分類されます。

項　　目	説　　明
現金及び預金	通貨，金融機関などで発行される通貨代用証券（期限の到来した公社債の利札(りふだ)など）のほか，各種の預金・貯金，郵便貯金など
受取手形	取引先との通常の取引にもとづいて受け取った手形債権（他人が振り出した約束手形を受け取った場合や，他人が支払いを引き受けた為替(かわせ)手形(てがた)を受け取った場合に手形債権が生じる）
電子記録債権	商品などを販売した者が，電子債権記録機関に債権を電子記録するように請求（発生記録の請求）をすることによって生じる債権
売掛金(うりかけきん)	得意先との通常の取引にもとづいて生じた営業上の未収入金。会社の主たる営業活動以外の取引（たとえば，土地や建物の売却取引）から生じた未収入金と区別が必要
契約資産	顧客との契約にもとづく財・サービスの提供の対価として，条件付きで当該顧客から支払いを受ける権利（支払期限が到来すれば無条件で受け取ることのできる売掛金のような債権を除く） たとえば，顧客と製品Ｘと製品Ｙをあわせて販売する契約を締結し，製品Ｘの引渡しに対する支払いが製品Ｙの引渡し後になる契約の場合，製品Ｘを販売した時点で計上するのは売掛金ではなく，契約資産となる。その後，製品Ｙの販売後に，契約資産から売掛金等に振り替えることになる。
有価証券	他社の株式，国債・地方債・他社の社債など（図表 2 -12参照）のうち，売買目的有価証券および決算日の翌日から起算して 1 年以内に満期の到来する国債・地方債・他社の社債など
商品	物品販売業の会社で，通常の営業過程において販売するために保有する資産
製品	製造業の会社で，通常の営業過程において販売するために保有する資産
仕掛品	製造業の会社で，販売を目的として現に製造中の資産
貯蔵品	工業用消耗品，消耗工具・器具・備品や販売活動と一般管理活動において短期間に消費される資産
原材料	製造業の会社で，製品を生産するために短期間に消費される予定の資産

前渡金 （まえわたしきん）	商品・原材料などの購入代金を先払いしたときの金額
前払費用 （まえばらい ひ よう）	一定の契約に従って，継続してサービスの提供を受ける場合の代金の前払い分
未収収益 （み しゅうしゅうえき）	金銭の貸付けや不動産の賃貸で，一定の契約に従って継続してサービスの提供を行う場合に，すでに提供したサービスに対して，いまだその対価の支払いを受けていない額
短期貸付金 （たん き かしつけきん）	決算日の翌日から起算して1年以内に期限の到来する貸付金
未収入金 （み しゅうにゅうきん）	土地や有価証券の売却など，会社の主たる営業活動以外の取引から生じた未収額（未収金ともいう）

＊商品・製品・仕掛品・貯蔵品・原材料は棚卸資産と総称される。

例示1　（売掛金や受取手形から控除する形式で示す方法）

　　売掛金　　　　　　　　　　　　　　　100

　　　　　貸倒引当金　　　　　　　　　　__5__　　__95__

例示2　（貸倒引当金の控除後の金額で表示し，注記する方法）

　　売掛金　　　　　　　　　　　　　　　　　　95

　　（注記：売掛金95は貸倒引当金5を控除した金額である）

図表 2-12　有価証券の分類と表示区分

有価証券の分類	内　　容	表示区分
㋐売買目的有価証券	値上がりによるもうけを得るために保有している市場性*1のある有価証券	流動資産
㋑満期保有目的の債券	満期まで保有することを意図した他社の社債など	固定資産（ただし，満期が決算日の翌日から起算して1年以内に到来するものについては流動資産）
㋒子会社株式及び関連会社株式（関係会社株式）*2		固定資産
㋓その他有価証券	㋐㋑㋒以外の有価証券	固定資産（ただし，満期が決算日の翌日から起算して1年以内に到来するものについては流動資産）

＊1　金融商品取引所（証券取引所）などで売買が行われている証券については市場性があり，それ以外のものを市場性がないという。

＊2　子会社とは，持ち株比率50％超の会社，または，取締役を派遣するなどその会社の意思決定機関を事実上支配していると認められる会社のことをいう。
　　関連会社とは，子会社以外の持ち株比率20％以上の会社，または出資，人事，資金，技術，取引などの関係を通じて，子会社以外の他の会社の財務および営業の方針に対して重要な影響を与えることができる会社をいう。
　　対象会社の親会社，子会社と関連会社をあわせて関係会社という。

コラム 「注記」と「附属明細表」

　注記とは，財務諸表に記載されている項目・金額に関する説明や，財務諸表を理解し，企業の財政状態，経営成績およびキャッシュ・フローの状況を判断するために必要と考えられる情報を，勘定科目と金額の一覧表形式で表示される財務諸表の本体とは別の箇所に記載したものです。注記には，次のようなものがあります。

① 貸倒引当金・減価償却累計額の科目別金額のように，財務諸表に示されている科目・金額の内訳を示すもの

② 有価証券や棚卸資産等の評価基準または評価方法等に関する会計方針の開示などのように，財務諸表に示されている科目の金額の算定基礎を明示するもの

　たとえば，②の有価証券の評価基準および評価方法については，次のような記載が行われます。

　1．有価証券の評価基準および評価方法

　(1) 子会社株式および関連会社株式

　　　　　……移動平均法による原価法により評価して

　　　　　おります。

　(2) その他有価証券

　　　時価のあるもの……期末日の市場価格等に基づく時価法により評価しております。

　　　時価のないもの……移動平均法により評価しております。

　附属明細表とは，金融商品取引法によって作成が義務づけられている書類で，貸借対照表や損益計算書など財務諸表に記載されている項目のうち，重要な項目の期中における増減や期末残高の内訳明細を示します。附属明細表は財務諸表を構成する書類です。これに相当する書類で会社

法によって作成が義務づけられているものを附属明細書といいます。附属明細書は，会社の本店や支店に備え置いて，株主や債権者から要求があった場合にだけ開示されます。

　附属明細表には，次のようなものがあります。

① 　有形固定資産明細表，引当金明細表，借入金明細表などのように，主な項目についてその金額の増減を明らかにするもの

② 　有価証券明細表，社債明細表などのように，主な項目についてその内容と金額を種類別に増減を明らかにしたもの

　たとえば，有価証券明細表については，次のような記載が行われます。

銘　　柄	株式数（株）	貸借対照表計上額（百万円）
（投資有価証券） 　その他有価証券 　　○○○○（株） 　　△△△△（株） 　　□□□□（株） 　　…………… 　その他97銘柄	 30,000,000 4,529,000 2,202,000 … 105,839,591,414	 5,610 5,579 4,049 … 12,781
計	105,935,266,566	46,220

　このように，注記および附属明細表を見ることで，一層詳細な情報を知ることができます。

次の文章について，正誤の組み合わせとして正しいものを選びなさい。

(ア) 流動資産には，現金，1年以内に期限の到来する預貯金，受取手
形，売掛金，すべての有価証券が含まれる。

(イ) 棚卸資産は，ワンイヤー・ルールによって流動資産に区分される。

(選択肢)	① (ア) 正 (イ) 正	② (ア) 正 (イ) 誤
	③ (ア) 誤 (イ) 正	④ (ア) 誤 (イ) 誤

解答

④

解説

(ア) 有価証券のうち，満期保有目的の債券（満期が決算日から起算して1
年以内に到来するものを除く），子会社・関連会社株式，その他有価証
券（ただし，満期が決算日の翌日から起算して1年以内に到来するもの
を除く）は固定資産に分類される。

(イ) 棚卸資産は正常営業循環基準によって流動資産として分類される。

例題 2-5

次の資料から棚卸資産に該当する項目の合計額を計算し，正しい数値を選びなさい。

| 貯 蔵 品 | 10 | 原 材 料 | 10 | 買 掛 金 | 20 | 商　　品 | 20 |
| 製　　品 | 10 | 機械装置 | 20 | 受取手形 | 20 | | |

（選択肢）　①　20　　②　30　　③　40　　④　50　　⑤　60

解答

④

解説

棚卸資産に含まれるのは，貯蔵品(10)，原材料(10)，商品(20)，製品(10)で，合計50である。

例題 2 - 6

次の文章のうち，誤っているものの個数を選びなさい。

ア．有価証券は売買目的有価証券，満期保有目的の債券，子会社・関連会社株式およびその他有価証券に分類される。

イ．売買目的有価証券は流動資産に分類される。

ウ．子会社株式は流動資産に分類される。

エ．関連会社株式は固定資産に分類される。

オ．その他有価証券は流動資産に分類される。

（選択肢）　①　1つ　　②　2つ　　③　3つ　　④　4つ
　　　　　　⑤　5つ

解答

②

解説

ウとオが誤り。

子会社・関連会社株式，その他有価証券（ただし，満期が決算日の翌日から起算して1年以内に到来するものを除く）は固定資産に分類される。

4 固定資産

(1) 固定資産の意義と分類

固定資産は企業が1年を超えて長期的に利用するために保有する資産，および現金となるまでの期間が決算日の翌日から起算して1年を超える金融資産を総称したものです。さらに，固定資産はその形態的な特徴に従って，図表2-13のように分類されます。

図表2-13　固定資産の分類

固定資産の分類	主な項目
有形固定資産	土地・建物・構築物・機械及び装置・車両運搬具・工具，器具及び備品・建設仮勘定など
無形固定資産	特許権・商標権・ソフトウェア・のれんなど
投資その他の資産	投資有価証券・長期貸付金・長期前払費用など

コラム　企業は倒産しない？

会計のルールを決めるにあたっては，企業は倒産することなく事業を継続すると仮定されています。そのため，企業の存続期間を一定期間ごとに区切って会計報告を行います。この区切られた一定期間を会計期間（事業年度，会計年度）といいます。基本的な会計期間は1年で，会計期間の開始日を期首，終了日を期末といいます。期末を決算日と呼ぶこともあります。

⑵　有形固定資産

　有形固定資産とは，物理的な形態を持っている固定資産で，図表2-14のような項目が含まれます。

図表2-14　　主な有形固定資産の項目

項　　目	説　　明
建物	店舗・工場・事務所などの建造物
構築物	橋・下水道・道路など，土地に定着した土木設備や工作物（建物を除く）
機械及び装置	各種の機械および装置と付随する設備（コンベヤー・クレーンなど）
車両運搬具	鉄道車両・自動車などの陸上運搬具
工具，器具及び備品	各種の工作用工具，コンピュータ・コピー機・ショーケースなどで，耐用年数が1年以上，金額が一定以上のもの
土地	自己所有の土地
建設仮勘定 （けんせつかりかんじょう）	建物などの有形固定資産の建設に際して，建設業者に支払った金銭など，工事が完成し引渡しをうけるまでに要するすべての支出を集計するための項目

　有形固定資産は，土地と建設仮勘定を除き，使用や時の経過，技術革新による時代遅れなどを原因として，その価値が下落します。その価値の下落を減価といいますが，その減価を直接的に把握するのは困難です。そのため，あらかじめ定められた一定の方法に従って，その取得原価を利用期間にわたって計画的・規則的に各期間に費用として配分します。このような手続きを減価償却といいます。この計算をするために，取得原価，耐用年数および残存価額の3つの計算要素を利用します。

　取得原価はすでに説明したように，購入した場合にはその購入価額に買入手数料，引取運賃などの付随費用を加算した金額です。耐用年数は

使用可能年数をいいます。残存価額は耐用年数到来時に予想されるその資産の処分可能価額（売却価額など）です。

　一例として，価値の下落（減価）を毎期一定とする定額法では，図表2-15のように毎期の減価を把握します。

> **定額法による減価償却費＝(取得原価－残存価額)÷耐用年数**

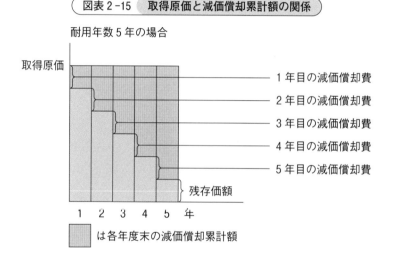

図表2-15　取得原価と減価償却累計額の関係

　また，毎期の減価償却費の合計額を減価償却累計額といい，取得原価と減価償却累計額の関係は，図表2-15のように表されます。

　この定額法以外にも，減価償却費が初年度にもっとも大きく，次第に減少していく定率法があります。

　貸借対照表上，有形固定資産の取得原価と減価償却累計額は次のように表示されます。

例示1 （有形固定資産から控除する形式で示す方法）

建物　　　　　　　　　　　　　　　　1,000

　　　建物減価償却累計額　　　　　　　200　　　800

例示2 （減価償却累計額の控除後の金額で示し注記する方法）

　　　建物　　　　　　　　　　　　　　　　　　　　800

　　（注記：建物800は減価償却累計額200を控除した金額である）

(3)　無形固定資産

　固定資産のうち有形固定資産のような物理的形態を持たないもので，企業の収益獲得に貢献するものを**無形固定資産**といいます。無形固定資産には図表2-16のようなものが含まれます。

図表2-16　主な無形固定資産の項目

項　　目	説　　明
のれん	他社から営業を譲り受けた際に，相手方に対して対価として支払われた金額が受け入れた純資産の額を超える額で，それは相手方が有していた超過収益力に対する対価を意味する
特許権	自然法則を利用した技術的発明を独占的に利用できる権利
商標権	文字や図形からなる商品の商標を独占的に使用する権利
ソフトウェア	コンピュータを作動させるソフトウェアの制作に要した費用やバージョンアップ費用など

　なお，有形固定資産の場合と同様に，無形固定資産の取得原価は各会計期間に配分され，費用として計上されます。これを償却といいます。また，費用となった金額は取得原価から直接控除され，その残高のみが貸借対照表に示されます。

(4)　投資その他の資産

　投資その他の資産は他社を支配したり，取引関係を維持したりするための資産，長期的余裕資金の運用のための資産などであり，図表2-17のような項目が含まれます。関係会社に対するものには別個に記載されます。

図表2-17　主な投資その他の資産の項目

項　　目	説　　明
投資有価証券	売買目的有価証券および決算日の翌日から起算して1年以内に満期の到来する国債・地方債・他社の社債以外の有価証券 （関係会社株式など，関係会社に対するものは別に記載することに注意してください。図表2-12を参照）
長期貸付金	決算日の翌日から起算して1年を超えて期限が到来する貸付金
長期前払費用	一定の契約に従って継続してサービスの提供を受ける場合の代金の前払分で，決算日の翌日から起算して1年を超える期間を経て費用となるもの
繰延税金資産	税効果会計の適用によって生じる繰延税金資産のうち，将来解消されると見込まれるもので，同一の納税主体ごとに，繰延税金負債と相殺して表示される（詳細は第3章第7節❸参照）

例題 2 - 7

次の文章の空欄㈦から㈽に当てはまる語句の適切な組み合わせを選びなさい。

固定資産は（　ア　）資産，（　イ　）資産および（　ウ　）資産に分類され，（　イ　）資産には特許権などが，（　ウ　）資産には長期貸付金などがそれぞれ含まれる。

（選択肢）	①	㈦	有形固定	㈺	無形固定
		㈽	投資その他の		
	②	㈦	有形固定	㈺	無形固定
		㈽	繰延		
	③	㈦	投資その他の	㈺	有形固定
		㈽	無形固定		
	④	㈦	投資その他の	㈺	繰延
		㈽	無形固定		
	⑤	㈦	無形固定	㈺	有形固定
		㈽	投資その他の		

解答

①

解説

固定資産は有形固定資産，無形固定資産および投資その他の資産に分類され，無形固定資産には特許権やのれんなどが，投資その他の資産には長期貸付金などがそれぞれ含まれる。

例題2-8

次の資料から有形固定資産に該当する項目の合計額を計算し，正しい数値を選びなさい。

車両運搬具	50	機械及び装置	30	投資有価証券	120
の れ ん	300	土 地	200	長期貸付金	70
商 標 権	30	工具,器具及び備品	20	建 物	320
構 築 物	30	建設仮勘定	50		

（選択肢）　① 650　② 700　③ 1,000　④ 1,100

⑤ 1,120

解答

②

解説

貸借対照表の記載順に，建物，構築物，機械及び装置，車両運搬具，工具器具備品，土地，および建設仮勘定が有形固定資産に該当する。のれんおよび商標権は無形固定資産に，投資有価証券および長期貸付金は投資その他の資産に区分される。

例題 2 - 9

次の文章の空欄(ア)から(ウ)に当てはまる語句の適切な組み合わせを選びなさい。

減価償却の方法の1つである定額法は，（　ア　）から（　イ　）を控除した額を（　ウ　）にわたって毎期均等に減価償却費として配分する方法である。

（選択肢）　①　(ア)　取得原価　　　(イ)　残存価額
　　　　　　　　　(ウ)　耐用年数

　　　　　　②　(ア)　取得原価　　　(イ)　残存価額
　　　　　　　　　(ウ)　残存年数

　　　　　　③　(ア)　残存価額　　　(イ)　減価償却累計額
　　　　　　　　　(ウ)　耐用年数

　　　　　　④　(ア)　残存価額　　　(イ)　減価償却累計額
　　　　　　　　　(ウ)　残存年数

　　　　　　⑤　(ア)　取得原価　　　(イ)　減価償却累計額
　　　　　　　　　(ウ)　耐用年数

解答

①

解説

定額法では，以下の算式によって毎期均等に減価償却費を配分する。

$$定額法による減価償却費 = \frac{取得原価 - 残存価額}{耐用年数}$$

⑤ 繰延資産

　繰延資産は，すでに対価の支払いが完了しているかあるいは支払義務
が確定し，これに対応する役務の提供を受けたにもかかわらず，その効
果が将来にわたって発現すると期待されるため，その支出額を効果が及
ぶ将来の期間に費用として合理的に配分するために，経過的に貸借対照
表に資産として計上された項目です。これには，図表2-18のような項
目が含まれます（第3章第2節❹費用収益対応の原則を参照）。これらの
支出は発生時に費用処理するのが原則ですが，上記の理由から貸借対照
表に資産として計上することも認められるもので，特殊な資産といえま
す。

図表2-18　主な繰延資産の項目

項　目	説　　明
創立費	会社を設立するために要した費用
開業費	会社の設立後，営業を開始するまでの開業準備のために支出した費用
開発費	新技術・新経営組織の採用，資源の開発や市場の開拓のために特別に支出した費用

次の文章の空欄(ア)から(エ)に当てはまる語句の適切な組み合わせを選びなさい。

繰延資産とは，すでに（　ア　）が完了しているかあるいは支払義務が確定し，これに対応する（　イ　）を受けたにもかかわらず，その効果が（　ウ　）するものと期待されるため，資産として計上される項目であり，創立費や（　エ　）などが含まれる。

（選択肢）　①　(ア)　役務の提供　　　　(イ)　対価の支払い
　　　　　　　　(ウ)　過去に影響　　　　(エ)　広告宣伝費
　　　　　　②　(ア)　対価の支払い　　　(イ)　役務の提供
　　　　　　　　(ウ)　将来にわたって発現　(エ)　広告宣伝費
　　　　　　③　(ア)　対価の支払い　　　(イ)　役務の提供
　　　　　　　　(ウ)　将来にわたって発現　(エ)　開発費
　　　　　　④　(ア)　役務の提供　　　　(イ)　対価の支払い
　　　　　　　　(ウ)　将来にわたって発現　(エ)　広告宣伝費
　　　　　　⑤　(ア)　対価の支払い　　　(イ)　役務の提供
　　　　　　　　(ウ)　過去に影響　　　　(エ)　開発費

解答

③

解説

第 2 節❺繰延資産参照。

第3節　負債とは

 負債の概念と分類

　負債とは企業が負うべき経済的負担で，貨幣額で示すことができるものをいいます。すなわち，負債は，企業にとって金銭あるいは財貨またはサービスを他者に提供する義務を意味し，その金額が貨幣額によって示されるもので，買掛金や借入金がその例です。

　資産と同様，負債も正常営業循環基準とワンイヤー・ルールに従って，**流動負債**と**固定負債**に分類されます（図表2-19）。負債を流動負債と固定負債に分類する際に，まず正常営業循環基準を適用し，この原則で流動負債に分類されなかった項目についてはさらにワンイヤー・ルールを適用し，該当するものは流動負債に分類されます（図表2-5参照）。

図表2-19　負債の分類

負　債	流動負債	正常営業循環過程にある負債と，それ以外の負債で決算日の翌日から起算して1年以内に支払期限が到来する負債
	固定負債	正常営業循環過程にない負債で，支払期限の到来が決算日の翌日から起算して1年を超える負債

② 流動負債

流動負債には図表 2 -20のような項目が含まれます。

図表 2 -20　主な流動負債の項目

項　目	説　明
支払手形	取引先との通常の取引にもとづいた支払義務のある手形債務（自らが約束手形を振り出した場合や，他人が振り出した為替手形を引き受ける場合に手形債務が生じる）
電子記録債務	商品などを仕入れた者が，電子債権記録機関に債務を電子記録するように請求（発生記録の請求）をすることによって生じる債務
買掛金	仕入先との通常の取引にもとづいて生じた営業上の未払金。企業の主たる営業活動以外の取引（たとえば，土地や建物の購入取引）から生じた未払金とは区別が必要
契約負債	財・サービスを顧客に引き渡す義務に対して，顧客から対価を受け取ったものまたは対価を受け取る期限が到来しているものをいい，具体的に「前受金」で表記されることもある
短期借入金	決算日の翌日から起算して 1 年以内に返済期限が到来する借入金
未払金	有価証券や固定資産の購入など，会社の主たる営業活動以外の取引から生じた未払額
未払費用	一定の契約に従って，継続してサービスの提供を受ける場合に，すでにサービスの提供を受けた期間の対価をまだ支払っていない場合の未払分（たとえば，未払保険料など）
未払法人税等	法人税，住民税，事業税の未払額
前受金	商品やサービスを提供していない時点で前もって受け取った代金
預り金	源泉徴収した従業員の所得税預り金など，第三者から一時的に預った金額
前受収益	一定の契約に従ってサービスの提供を行う場合に，サービスをいまだ提供していないにもかかわらず翌期分の対価を先に受け取った場合の前受分（たとえば，土地を他人に賃貸している場合の前

	受地代など）
ひきあてきん 引当金	将来の費用または損失で，その原因が当期以前に存在する場合に限定して，貸借対照表に記載されるもの。その条件として，(a)将来の特定の費用または損失に関するものであること，(b)その発生が当期以前の出来事に起因していること，(c)その発生の可能性が高いこと，(d)その額を合理的に見積もることができることが必要（たとえば，販売した製品に対して一定期間無償で修理をする保証契約がある場合に設定される製品保証引当金，従業員に対して次期に支給する賞与のうち当期負担分について設定した賞与引当金など）
社債 （1年以内 償還）	有価証券としての社債券を発行し資金調達を行ったことから生じる債務のうち，決算日の翌日から起算して1年以内に償還期日 しょうかんきじつ （返済日）が到来するもの

③ 固定負債

固定負債には図表2-21のような項目が含まれます。

（図表2-21　主な固定負債の項目）

項　目	説　明
社債	有価証券としての社債券を発行し資金調達を行ったことから生じる債務のうち，決算日の翌日から起算して1年を超えて償還期日（返済日）が到来するもの
長期借入金	決算日の翌日から起算して1年を超えて返済期限が設定されている借入金
繰延税金負債	税効果会計の適用により生じる繰延税金負債のうち，将来解消されると見込まれるもので，同一の納税主体ごとに，繰延税金資産と相殺して表示される（詳細は第3章第7節❸参照）
引当金	流動負債で取り上げた引当金と同様ですが，期間が長期となるもの（たとえば，退職金規程にもとづいて従業員の退職時に支払われる退職一時金のために必要となる債務である退職給付引当金など）

次の文章について，正誤の組み合わせとして正しいものを選びなさい。

(ア) 流動負債には，支払手形，買掛金，短期借入金，預り金などが含まれる。

(イ) 買掛金は，ワンイヤー・ルールによって流動資産に区分される。

| (選択肢) | ① (ア) 正 (イ) 正 | ② (ア) 正 (イ) 誤 |
| | ③ (ア) 誤 (イ) 正 | ④ (ア) 誤 (イ) 誤 |

解答

②

解説

(イ) 買掛金は正常営業循環基準によって流動負債に分類される。

例題 2 -12

次の資料から流動負債に該当する項目の合計額を計算し，正しい数値を選びなさい。

支払手形　80　　　買掛金　100　　　未収金　40　　　短期借入金　50

前受金　20　　　未払法人税等　30

社債　150（150のうち50は1年以内に償還）

満期保有目的の債券　110（110のうち40は1年以内に満期）

未払金　40

（選択肢）　①　270　　　②　340　　　③　370　　　④　410
　　　　　　⑤　470

解答

③

解説

貸借対照表の記載順に，支払手形，買掛金，短期借入金，未払金，未払法人税等，前受金，および1年以内に償還予定の社債が流動負債に含まれる。

次の(a)から(e)に入る選択肢を選びなさい。

将来，会社の費用または損失になるものについて，その原因が当期以前に存在する場合に限定して，貸借対照表に表示されるものを（　a　）という。表示される条件として，次のものが要求される。将来の（　b　）に関するものであること，その発生が（　c　）の出来事に起因していること，その（　d　）が高いこと，その金額の（　e　）ができること。

（選択肢）	① 合理的な見積り	② 特定の費用または損失
	③ 当期以前	④ 発生の可能性
	⑤ 引当金	

解答

　　a．⑤　　b．②　　c．③　　d．④　　e．①

解説

　　図表 2 -20参照。

第4節　純資産とは

 純資産の概念と分類

　純資産とは資産と負債の差額をいいます。純資産は，その発生源泉を重視し，図表2-22のように，株主資本，評価・換算差額等，株式引受権および新株予約権に分類されます。

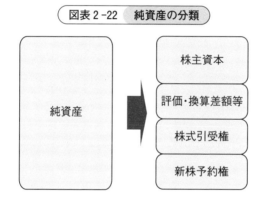

図表2-22　純資産の分類

2 **株主資本**

　株主資本は，株主が出資をした部分（払込資本，会社の元本に相当する部分）とその元本を元手にして会社が増やした部分（留保利益あるいは稼得利益。株主に分配されずに会社に留保されている部分）から構成されています。そして，資本金，資本剰余金，利益剰余金，自己株式の4つに区分表示されます。

株主資本			
資本金		×××	
資本剰余金			
資本準備金	×××		
その他資本剰余金	×××	×××	
利益剰余金			
利益準備金	×××		
その他利益剰余金	×××	×××	
自己株式		△×××	
株主資本合計			×××
評価・換算差額等			
その他有価証券評価差額金		×××	
土地再評価差額金		×××	
評価・換算差額等合計			×××
株式引受権			×××
新株予約権			×××
純資産合計			×××

※　△はマイナスを意味する。

コ ラ ム　純資産の部

　従来，貸借対照表は，資産，負債および資本の部に区分され，資本の部は，株主の払込資本と利益の留保額に区分されていました。しかし，資本を株主に帰属するもの，負債を返済義務のあるものに限定した結果，資本や負債に該当しない項目が出現してきました。その代表例が，その他有価証券評価差額金などです。

　そこで資産または負債の定義に該当するもののみを資産の部，負債の部に記載し，それらに該当しない項目を資産と負債の差額としての「純資産の部」に記載することとしました。

株主からの出資額は原則として全額が資本金に組み入れられることになっていますが，2分の1を超えない額は資本金に組み入れず，**資本準備金**とすることができます。これらが払込資本です。また，**利益準備金**は，配当額の1/10を先の資本準備金の額とあわせて資本金の1/4に達するまで積み立てるものです。そして，利益剰余金は利益を源泉として会社に留保された留保利益です。

なお，株式会社が発行済みの自社株式を買い戻し，これを保有している場合，その株式を**自己株式**（金庫株）といいます。自己株式の取得は株主に対する会社財産の払い戻しと考えられ，期末に保有する自己株式は，株主資本からの控除項目になります（図表2-23参照）。

 ## 評価・換算差額等

<ruby>評価<rt>ひょうか</rt></ruby>・<ruby>換算差額等<rt>かんざんさがくとう</rt></ruby>には，図表2-24のような項目が含まれます。

図表2-24　主な評価・換算差額等の項目

項　　目	説　　明
その他有価証券評価差額金	「その他有価証券」を時価評価した際の取得原価（帳簿価額・簿価）と時価との差額であり，損益計算書に評価損益を計上するのではなく，貸借対照表に直接計上される。評価差額を損益とする売買目的有価証券とは異なり，その他有価証券はその保有目的からただちに処分することができない場合が多く，評価差額金を損益とせず，貸借対照表の純資産の部に直接計上される。
土地再評価差額金	「土地の再評価に関する法律」（1998年制定，2001年改正）に従って企業が事業用の土地を再評価した際に生じた取得原価（帳簿価額・簿価）と時価との差額（評価差額）であり，評価益は損益計算書には計上されず，貸借対照表に直接計上される。

④ 株式引受権

　株式引受権とは，会社が取締役への報酬として自社株式を条件付きで無償交付をする場合，条件（勤務期間や業績目標）の達成後に株式を受け取ることができる権利です。条件の達成後に無償交付の契約を締結し株式の交付が行われるまでの間，この権利の保有者は未だ株主でないため，株主資本とは別個のこの株式引受権の区分に表示されます。

⑤ 新株予約権

　新株予約権とは，会社に対して一定期間，あらかじめ定めた一定の価額で株式の交付を請求できる権利です。会計上は，その権利を割り当てられた者が払い込んだ金額を新株予約権として表示します。現在の株主からの払込資本とは発生源泉が異なるので，区別して記載されます。

コラム　株主資本等変動計算書

　すべての会社は，純資産の部の各項目の変動事由を報告するために，株主資本等変動計算書を作成しなければなりません（第1章の図表1-4「財務諸表（計算書類）の体系」参照）。株主資本等変動計算書は，純資産の部と同様に株主資本，評価・換算差額等，株式引受権，新株予約権に区分され，それぞれの内訳および増減額が記載されます。株主資本等変動計算書を読むことで，事業年度における配当，自己株式の取得，増資などの状況や，発行済株式数などの変動が一覧できます。詳しくは公式テキスト2級以上で説明します。

例題 2 -14

次の(a)から(e)に入る選択肢を選びなさい。

純資産の部は，それが生じた源泉によって，株主が出資した部分である（　a　），特定の資産・負債についてその取得原価と時価による評価額との差額である（　b　），取締役への報酬として自社株式を条件付きで無償交付する場合に，条件達成時に報酬として計上される（　c　），将来株主となることを前提に会社が受け入れた金額である（　d　）に分類される。また，（　a　）は株主が払い込んだ部分である（　e　）とその元本を元手にして会社が増やした部分である（　f　）から構成される。

（選択肢）　①　評価・換算差額等　　②　払込資本

　　　　　　③　株主資本　　④　新株予約権　　⑤　留保利益

　　　　　　⑥　株式引受権

解答

　a．③　　b．①　　c．⑥　　d．④　　e．②　　f．⑤

解説

図表 2 -22，図表 2 -23参照。純資産の分類をしっかりと把握しておく必要がある。とくに，貸借対照表の表示上の分類，そして，性格上の分類（払込資本と留保利益）を確認すること。

例題 2-15

次の文章の空欄(ア)から(ウ)に当てはまる語句の適切な組み合わせを選びなさい。

株式会社が発行済の自社株式を買い戻し、これを保有している場合、この株式を（　ア　）という。これは一定の条件下で自由に取得することができるが、この株式取得は株主に対する会社財産の（　イ　）と考えられ、株主資本の末尾に一括して（　ウ　）する形式で表示される。

（選択肢）						
①	(ア)	未流通株	(イ)	無形固定	(ウ)	控除
②	(ア)	自己株式	(イ)	払い戻し	(ウ)	加算
③	(ア)	自己株式	(イ)	払い戻し	(ウ)	控除
④	(ア)	未流通株	(イ)	分配	(ウ)	加算
⑤	(ア)	留保株	(イ)	払い戻し	(ウ)	控除

解答

③

解説

株式会社が発行済の自社株式を買い戻し、これを保有している場合、この株式を自己株式（金庫株）という。これは一定の条件下で自由に取得することができるが、この株式取得は株主に対する会社財産の払い戻しと考えられ、株主資本の末尾に一括して控除する形式で表示される。

例題 2-16

次の資料から株主資本の金額を計算し，正しい数値を選びなさい。

利益剰余金　250　　資本金　150　　自己株式　50

資本準備金　75　　新株予約権　15　　株式引受権　15

その他有価証券評価差額金　15　　社債　30

(選択肢)　①　425　　②　460　　③　475　　④　510

⑤　525

解答

①

解説

　貸借対照表の記載順に，資本金，資本準備金，利益剰余金，および自己株式が株主資本に含まれる。なお，自己株式は株主資本から控除される。

例題 2 -17

次の図は貸借対照表の構造を示している。①～⑮に該当する用語を記入しなさい。

貸借対照表

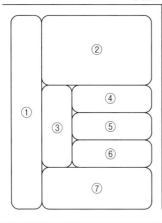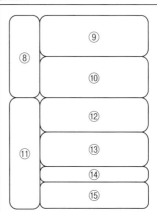

解説

貸借対照表の構造を，図表 2 - 4 ，図表 2 - 8 ，図表 2 -13，図表 2 -19，図表 2 -22によって確認すること。

第3章

損益計算書

学習のポイント

　損益計算書とは，一会計期間における経営成績を示す計算書です。経営成績とは，企業がどれだけもうけたか，どうやってもうけたか，ということです。それは，損益計算書の5つの利益を見ていくことでわかります。本章を読むと，まず，5つの利益とは何か，5つの利益がどのような関係にあるのか，それらが損益計算書にどのように表示されるのかがわかります。

　次に，損益計算のルールを理解した上で，5つの利益である，①売上総利益，②営業利益，③経常利益，④税引前当期純利益，⑤当期純利益のそれぞれの計算方法と，主な収益・費用の項目などがわかるようになります。

　損益計算書を理解することで，企業の本業での利益，経常的な業績，最終的な利益などがわかるとともに，収益・費用の各項目を見ることで，どうやってもうけたのかもわかるのです。

第1節　損益計算書のしくみ

 損益計算書とは

　企業が1年間にどれだけもうけたかを示したものを**損益計算書**（英語
表記は Profit and Loss Statement〈略〉P/L）といいます。企業がどれだけ
もうけたかを企業の経営成績といい，損益計算書は企業の経営成績を表
すものです。

　損益計算書を前章で学んだ貸借対照表と比較すると，図表3-1のよ
うになります。貸借対照表は一定時点（決算日）の財政状態を示すもの
ですが，損益計算書は一定期間（1年間）の経営成績を示します。

（図表3-1　**貸借対照表と損益計算書**）

名　称	内　容	対　　象
貸借対照表	財政状態	一定時点（決算日）
損益計算書	経営成績	一定期間（1年間）

 損益計算書の様式

　貸借対照表と同様に，損益計算書の様式にも勘定式と報告式がありま
すが，ほとんどの場合，**報告式**が用いられています。報告式の方が利益
の獲得プロセスがわかりやすく示されるからです。

　ここで，損益計算書（報告式）の一般的な事例を図表3-2に示しま
す。この事例を見ると，青色を付した5つの利益が上から順に計算され

損　益　計　算　書
自　Ｘ４年４月１日
至　Ｘ５年３月31日

（単位：百万円）

売 上 高		29,600
売上原価		
製品期首棚卸高	2,241	
当期製品製造原価	14,004	
当期商品仕入高	944	
合計	17,189	
製品期末棚卸高	2,106	
売上原価合計		15,083
売上総利益		14,517
販売費及び一般管理費		12,112
営業利益		2,405
営業外収益		
受取利息・有価証券利息	1	
受取配当金	38	
雑 収 入	64	
営業外収益合計		103
営業外費用		
支払利息	27	
雑 損 失	9	
営業外費用合計		36
経常利益		2,472
特別利益		
投資有価証券売却益	78	
特別利益合計		78
特別損失		
固定資産売却損	18	
減損損失	16	
特別損失合計		34
税引前当期純利益		2,516
法人税，住民税及び事業税		801
法人税等調整額		59
法人税等合計		860
当期純利益		1,656

第3章　損益計算書

ていることがわかります。この5つの利益を計算するために，各段階（発生源泉）に応じたすべての収益とすべての費用を総額で計上していくのです（総額主義といいます）。この5つの利益については，❹で説明します。

❸ 利益とは

　もうけのことを会計では利益といいます。**利益**は，**収益**から**費用**を差し引いて計算します。なお，収益が費用より大きい場合は利益ですが，費用の方が収益より大きい場合は**損失**となります（図表3-3）。一般的に黒字といわれるのが利益，赤字が損失です。

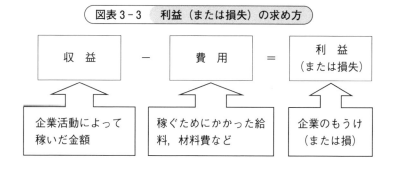

図表3-3　利益（または損失）の求め方

❹ 損益計算書の5つの利益

　損益計算書には，1年間に生じたすべての収益と，その収益を得るためにかかったすべての費用がその原因別・種類別に記載されています。
　図表3-4を見ると，何種類かの利益があることに気づくでしょう。企業が得る利益には，本業のビジネスで得た利益もあれば，株や土地を

売って得た利益など，いくつかの種類があるのです。本業で利益をあげていれば，その企業のビジネスは順調で，次年度以降も利益を期待できるでしょうが，株や土地を売って得た利益はその年度のみのものである可能性が高いといえます。そこで，損益計算書では，利益をその性質によって区分して表示し，利益獲得のプロセス（過程）を明らかにしているのです。

　企業が得る利益はその性質によって5つの段階に分けられます。それぞれの段階において収益と費用が計上され，利益が計算されます。図表3-4のように，損益計算書ではこの5つの利益が順に示されています。

図表3-4　損益計算書の5つの利益

（単位：百万円）

売　上　高	29,600
売上原価	15,083
売上総利益*1	14,517	⇦ 商品や製品を販売した利益
販売費及び一般管理費*2	12,112
営業利益	2,405	⇦ 本業による利益
営業外収益	103
営業外費用	36
経常利益	2,472	⇦ 経営努力の成果を示す利益
特別利益	78
特別損失	34
税引前当期純利益	2,516	⇦ 1年間に会社がもうけた利益
法人税，住民税及び事業税	801
法人税等調整額	59
法人税等合計	860
当期純利益	1,656	⇦ 最終的な利益

＊1　粗利（あらり），粗利益（あらりえき）といわれることもある。
＊2　販売費及び一般管理費は「販管費」と略されることもある。

5 5つの利益のどれを見るか

　損益計算書を見る場合に，5つの利益のうちどの利益に注目したらよいでしょうか？　それは，企業のどのような業績を知りたいのか，どのような立場で損益計算書を見るのかによって変わってきます（図表3-5）。

　もし，あなたが企業で営業を担当していたら，本業のもうけを示す営業利益がとても気になるでしょう。営業利益は，商品や製品そのもののもうけである売上総利益から，販売や経営・管理に関わる費用を差し引いた利益で，その年度の営業活動の成果を表すものだからです。営業部長は，営業利益を見て，売上をアップするにはどうしたらよいか，販売活動や広告宣伝に費用がかかりすぎていないかなどを考えます。

　もし，あなたが社長なら，経営努力の成果を示す経常利益が気になるでしょう。経常利益は，営業利益に，本業以外で生じた投資収益や資金調達コストを加味した利益です。この経常利益は，会社の業績を判断する数値として重視されています。

　もし，あなたが株主なら，税金などを差し引いた後の1年間の最終的な利益である当期純利益に目が行くでしょう。当期純利益は株主への配

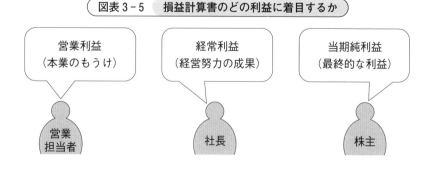

図表3-5　損益計算書のどの利益に着目するか

営業利益
（本業のもうけ）

経常利益
（経営努力の成果）

当期純利益
（最終的な利益）

営業
担当者

社長

株主

当資金にもなるからです。

 ## 6 5つの利益の関係

　損益計算書の5つの利益は，それぞれ独立に計算・表示されるのではなく，段階的に計算して最終的に当期純利益を示す構造となっています（図表3-6）。

　図表3-4と図表3-6を合わせて見てください。図表3-4の5つの利益は図表3-6のような関係になっており，順に当期純利益まで計算されていることがわかります。

　会社がどのようなプロセスで利益を稼いだかを知るためには，5つの利益を段階的に追って見ていく必要があります。本業のもうけを示す営業利益の数値が良くても，多額の借金を抱えているために支払利息の負担が大きく経常損失となることもあります。あるいは，天災によって多額の特別損失が生じ，最終的に当期純損失となってしまうこともあります。逆に，臨時的な特別利益のおかげで，当期純利益をなんとか確保できたということもあるでしょう。

　営業利益は，企業が同じような活動を続けるなら次年度も同じように期待できますが，特別利益などはその年かぎりの臨時的なものですので次年度は期待できません。ですから，損益計算書の5つの利益を段階的にチェックして，会社がどのようなプロセスで利益を獲得したかを見ることはとても大切です。

　以下，第2節で損益計算のルールについて学んでから，第3節以降で5つの利益のそれぞれがどのように計算されるのかについて見ていきます。

図表 3 - 6　損益計算書の 5 つの利益の関係

| 売上高 | | | | |

| 売上総利益 | | | | 売上原価 |

| 営業利益 | | | 販管費 | 売上原価 |

| 経常利益 | | 営業外損益 | 販管費 | 売上原価 |

| 税引前当期純利益 | 特別損益 | 営業外損益 | 販管費 | 売上原価 |

| 当期純利益 | 法人税等
法人税等調整額 | 特別損益 | 営業外損益 | 販管費 | 売上原価 |

※　営業外損益＝営業外収益－営業外費用
　　（ここでは，営業外収益＜営業外費用の場合）
　　特別損益＝特別利益－特別損失
　　（ここでは，特別利益＜特別損失の場合）

例題 3 - 1

　損益計算書に関する次の文章のうち，誤っているものの個数を選びな
さい。

ア．損益計算書は，一定時点における企業の経営成績を明らかにするた
　　めに作成される計算書である。

イ．利益は収益から費用を差し引いて求める。

ウ．損益計算書には，１年間に生じたすべての収益と，その収益を得る
　　ためにかかったすべての費用をその発生源泉に応じて総額で記載する。

エ．経常利益は，当該期間における企業の本業による利益を示す数値で
　　ある。

オ．損益計算書には，最終行に当期純利益が表示される。

(選択肢)	① 1つ	② 2つ	③ 3つ	④ 4つ
	⑤ 5つ			

解答

　②

解説

　アとエが誤り。

ア．損益計算書は，一定期間における企業の経営成績を明らかにするもの
　　です。

エ．本業による利益を表すのは営業利益。経常利益は，当該期間における
　　経営努力の成果を表す利益である。

　　図表 3 - 2 ，図表 3 - 4 参照。

例題 3-2

　損益計算書における次の項目の正しい記載順番を選びなさい。

ア．法人税，住民税及び事業税

イ．経常利益

ウ．営業利益

エ．税引前当期純利益

オ．売上総利益

カ．当期純利益

（選択肢）　①　ウ→オ→イ→ア→エ→カ

　　　　　　②　ウ→オ→イ→エ→ア→カ

　　　　　　③　オ→イ→ア→エ→ウ→カ

　　　　　　④　オ→ウ→イ→ア→エ→カ

　　　　　　⑤　オ→ウ→イ→エ→ア→カ

解答

　⑤

解説

　売上総利益→営業利益→経常利益→税引前当期純利益→法人税，住民税及び事業税→当期純利益の順となる。

　図表 3-2 参照。

例題 3-3

次の(a)から(i)に入る選択肢を選び，損益計算書を完成させなさい。同じ選択肢を何度使ってもよい。

（単位：百万円）

売 上 高	3,000
売上原価	2,500
（　a　）	（　b　）
販売費及び一般管理費	400
（　c　）	（　d　）
営業外収益	（　e　）
営業外費用	30
（　f　）	120
特別利益	30
特別損失	50
（　g　）	（　h　）
法人税，住民税及び事業税	30
法人税等調整額	△ 5
法人税等合計	25
（　i　）	75

（選択肢）　① 税引前当期純利益　　② 経常利益
　　　　　　③ 売上総利益　　④ 当期純利益　　⑤ 営業利益
　　　　　　⑥ 50　　⑦ 100　　⑧ 200　　⑨ 400　　⑩ 500

解答

a．③　　b．⑩　　c．⑤　　d．⑦　　e．⑥　　f．②
g．①　　h．⑦　　i．④

解説

図表 3-4 参照。

第2節　損益計算のルール

 損益計算の3つのルール

　企業活動は永久的に継続すると仮定されます（p. 35コラム参照）。しかし，企業活動の成果を表すには，あえて一定期間に区切って（会計期間），その期間の経営成績（利益または損失，損益）を計算することが必要です。これを**期間損益計算**といいます。期間損益を適切に計算するには，期間収益と期間費用の金額を正しく決定しなければなりません。そこで，収益や費用をいつ記録（計上）するのか，そしてどの期間に割り当てるのか（期間帰属）という問題がでてきます。

　これらについての考え方を示しているものが損益計算のルールで，①発生主義の原則，②実現主義の原則，③費用収益対応の原則，の3つがあります（図表3-7）。損益計算書を理解するには，これらのルールを理解しておくことが大切です。

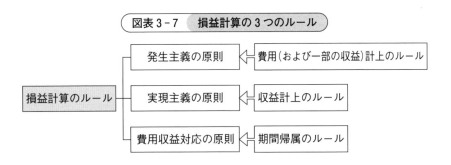

図表3-7　損益計算の3つのルール

2 発生主義の原則

損益計算書におけるすべての費用と収益は，その支出と収入にもとづいて計上し，それが発生した期間に正しく割り当てなければなりません。これを**発生主義の原則**といいます。この原則では，費用と収益が発生した時点を図表3-8のように考えます。

図表3-8　費用と収益の発生時点

費用	財貨・サービスを使って，経済価値を消費した時点

収益	財貨・サービスを生産・提供して，経済価値を獲得した時点

発生主義の原則は，主として費用（および一部の収益）をいつ計上するかを決定するときに使います。この発生主義の原則にもとづいて，減価償却費を計上し，また，費用・収益の未払い・前払いの処理などを行います。たとえば，図表3-9のように，3月に使用した電気代の請求書が翌期の4月に届き，5月に支払う場合であっても，電気を使用した3月に電気代が発生しているため，当期の費用として計上します。

図表3-9　発生主義の原則の適用例

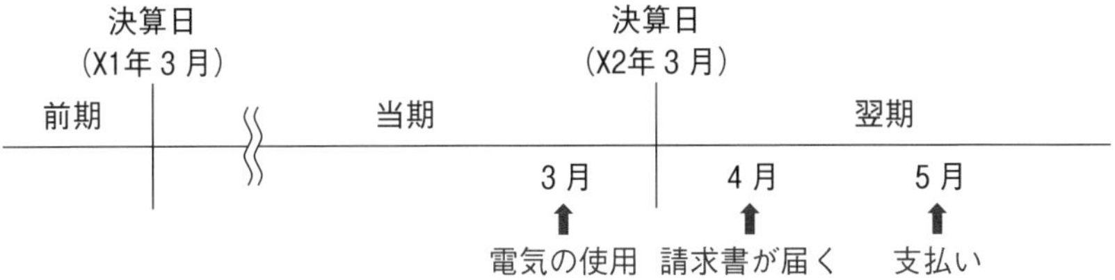

③ 実現主義の原則

　費用が発生主義で決まるなら，収益はどのようなルールで計上される
のでしょうか。収益は，最終的に配当等に使われる利益のもとになるた
め，収益を計上するには確実性が求められます。そこで収益は，発生主
義で計上するのではなく，原則として，財貨・サービスを提供し，その
対価の受取りが確実になった時点（これを実現した時点とみなす）で計
上します。このことを**実現主義の原則**といいます。実現主義による売上
計上基準は，販売によって対価の受取りが確実になった時点で計上する
ため，販売基準ともいわれています。

　なお，収益についてはさらに精細な認識基準が定められていますが，
その点に関しては2級以降で学びます。

④ 費用収益対応の原則

　損益計算書を読んで経営成績を正しく理解するためには，収益と費用
の項目がその発生源泉に従ってわかりやすく分類してあるとともに，そ
れらが適切に対応していることが必要です。そこで，実現主義にもとづ
いて収益を計上したなら，それに対応する費用を発生主義にもとづいて
計上し，収益と費用を対応させて損益計算書で表示するという考え方が
採用されています。これを**費用収益対応の原則**といいます。

　期間損益計算においては，費用収益対応の原則によって，実現主義に
もとづく収益（成果）とその収益を獲得するのに貢献した費用（努力）
を対応させ，費用と収益の期間帰属を決定し，当期の利益が計算されま
す。費用と収益の対応関係は，**個別的対応**と**期間的対応**に分けると理解

しやすいでしょう。個別的対応とは，商品などの売上高とそれに対応する売上原価のように因果関係にもとづき対応関係が個別にわかるものをいいます。期間的対応とは，個別的対応が見いだしにくく，その期間に発生した費用を同期間の収益と対応させるもので，売上高と販売費及び一般管理費の対応などがこれにあたります（図表3-10）。

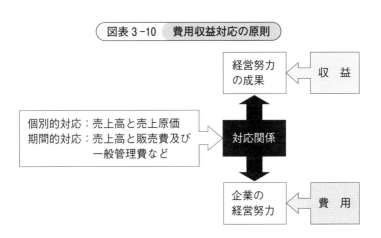

図表3-10　費用収益対応の原則

例題 3 - 4

次の文章について，正しいものの個数を選びなさい。

ア．企業会計では，収益，費用ともに原則として発生主義によって計上される。

イ．実現主義による売上計上基準は，財貨・サービスの引渡しや提供を要件の1つとするから販売基準とも呼ばれる。

ウ．期間損益計算における費用収益の対応とは，発生した期間収益に実現した期間費用を対応させることをいう。

エ．収益と費用の対応関係には個別的対応と期間的対応があるが，受取利息と支払利息の対応は個別的対応の一例である。

（選択肢）	① 1つ	② 2つ	③ 3つ	④ 4つ

解答

①

解説

ア．誤り。収益は原則として実現主義にもとづいて，費用は発生主義にもとづいて計上する。

イ．正しい。

ウ．誤り。実現主義にもとづいて計上した収益に，その収益を獲得するのに貢献した費用を対応させる。

エ．誤り。個別的対応とは売上高と売上原価のように因果関係にもとづき対応関係が個別にわかるものをいう。

第3節　売上総利益とは

 売上総利益

　売上総利益とは，本業（仕入や生産活動）の売上高から売上原価を引いた利益のことで，**粗利益**ともいいます。

　図表3-2の損益計算書から，売上総利益を計算するまでの部分を取り出すと図表3-11のようになります。

図表3-11　売上総利益の計算

（単位：百万円）

売　上　高		29,600
売上原価		
製品期首棚卸高	2,241	
当期製品製造原価	14,004	
当期商品仕入高	944	
合計	17,189	
製品期末棚卸高	2,106	
売上原価合計		15,083
売上総利益		14,517

　売上総利益は，売上高から売上原価を差し引いて求められていることがわかります（図表3-12）。以下では，売上高，売上原価について順に説明します。

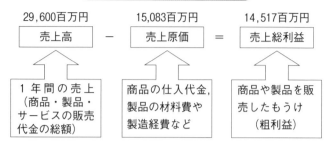

図表3-12　売上総利益の計算

29,600百万円		15,083百万円		14,517百万円
売上高	−	売上原価	=	売上総利益
1 年間の売上 （商品・製品・ サービスの販売 代金の総額）		商品の仕入代金， 製品の材料費や 製造経費など		商品や製品を販 売したもうけ （粗利益）

② 売上高

　売上高とは，商品・製品・サービスの販売によって得られる代金の金額です。売上高は，商品・製品の販売やサービスの提供にもとづき，取引の実態に応じて計上されます。売上収益，営業収益と表示されることもあります。

③ 売上原価

　売上原価とは，商品の仕入原価や製品の**製造原価**のうち当期に販売された部分のことです。売上原価は，当期の売上高に対応する部分を損益計算書に計上します。当期の売上高に対応する売上原価をどのように計算するのかは，企業活動の形態（商業または製造業）によって異なります。

⑴　商業における売上原価

　商業（小売業や卸売業）における売上原価は，販売した商品の仕入値です。通常は仕入れた商品を同じ年にすべて販売するわけではなく，在庫が生じます。期末に商品の在庫を調べることを**棚卸**しといいます。ま

た，期末にある商品の在庫を **商品期末棚卸高**，前期末からの（期首時点で有している）商品在庫で当期の販売に供されるものを **商品期首棚卸高**といいます。

当期に販売した商品の仕入値である売上原価は，当期の販売に供した商品期首棚卸高と当期に仕入れた商品の仕入値（当期商品仕入高）の合計から，期末の在庫である商品期末棚卸高を差し引くと求められます（図表3-13）。

図表3-13 商業における売上原価の計算

売上原価 = 商品期首棚卸高 + 当期商品仕入高 − 商品期末棚卸高

売上原価の算定（商業）

商品期首棚卸高	×××
当期商品仕入高	+×××
合　計	×××
商品期末棚卸高	−×××
売　上　原　価	×××

商品期首棚卸高	売上原価
当期商品仕入高	
	商品期末棚卸高

⑵　製造業における売上原価

製造業では，材料を仕入れて製品を製造し，それを販売します。当期の製品の製造原価は，当期の製造に要した材料費・労務費・経費の合計です（労務費とは，工場で製造に携わる従業員に支払う賃金，手当のことをいいます）。期首の製品在庫（**製品期首棚卸高**）に当期の製品の製造原価を加え，期末の製品在庫（**製品期末棚卸高**）を差し引くと，当期に販売した製品にかかる売上原価が求められます（図表3-14）。

売上原価 ＝ 製品期首棚卸高 ＋ 当期製品製造原価 － 製品期末棚卸高

売上原価の算定（製造業）

製 品 期 首 棚 卸 高	×××
当期製品製造原価	＋×××
合　計	×××
製 品 期 末 棚 卸 高	－×××
売　上　原　価	×××

製品期首棚卸高	売上原価
当期製品製造原価 （材料費・労務費・経費）	
	製品期末棚卸高

例題3-5

次の金額から売上高を計算し，正しい数値を選びなさい（単位：百万円）。

当期商品仕入高	13,000	商品期末棚卸高	4,000
商品期首棚卸高	3,000	売 上 総 利 益	6,000

（選択肢）　① 15,000 　② 18,000 　③ 19,000
　　　　　　④ 20,000 　⑤ 22,000

解答

②

解説

売上原価（12,000）＝商品期首棚卸高（3,000）＋当期商品仕入高（13,000）
　　　　　　　　　－商品期末棚卸高（4,000）

売上高（18,000）＝売上原価（12,000）＋売上総利益（6,000）

図表3-13参照。

第4節　営業利益とは

 営業利益

　営業利益とは，商品や製品を販売したもうけである売上総利益から，販売や経営・管理に関わる費用を差し引いた，本業で稼いだ利益のことをいいます。

　図表3-2の損益計算書から，売上総利益を求めた後，営業利益を計算するまでの部分を取り出すと，図表3-15のようになります。

（図表3-15　営業利益の計算）

（単位：百万円）

売上総利益	14,517
販売費及び一般管理費	12,112
営業利益	2,405

　営業利益は，売上総利益から，販売費及び一般管理費を差し引いて求められていることがわかります（図表3-16）。

図表 3 -16　営業利益の計算

14,517百万円		12,112百万円		2,405百万円
売上総利益	－	販売費及び一般管理費	＝	営業利益

商品や製品を販売したもうけ		本業を行うためにかかった販売・事務などの費用		本業による利益

② 販売費及び一般管理費

　販売費及び一般管理費とは，本業を行うためにかかった販売や経営・管理に関わるさまざまな費用の総称です。販売費及び一般管理費には図表 3 -17のような項目が含まれます。

項　　目	説　　明
販売手数料	商品などを販売してもらうために販売受託者や仲介者に支払う手数料
広告宣伝費	商品などを広く一般に売り込むための広告や宣伝にかかる費用

項　　目		説　　明
人件費	給料	販売および一般管理業務に従事する従業員に支払う給料，賃金，手当
	賞与	販売および一般管理業務に従事する従業員に支払うボーナス（特別な給与）
	役員報酬	役員に支払う給料，賞与など
	福利厚生費	健康保険・厚生年金・雇用保険・労災保険などの社会保険料の会社負担分，社員旅行や社員寮の補填費用，社員への慶弔費など

項　　目	説　　明
交際費	営業上の接待などに使った金額
旅費交通費	業務上や出張に必要な交通費・宿泊料
通信費	郵便・電話などの費用
水道光熱費	水道・電気・ガス代
租税公課（そぜいこうか）	事業を営む上でかかる税（租税）や公的な負担金（公課）（印紙税，固定資産税，自動車税，商工会議所会費など）
減価償却費（げんかしょうきゃくひ）	販売・管理活動のための固定資産を使用することで価値が減少した分を費用として計上するもの（減価償却費の計算方法は，pp. 36-38参照）
保険料	火災保険・損害保険などの保険料
不動産賃借料（ふどうさんちんしゃくりょう）	建物・土地などの賃借料
研究開発費	新しい製品・サービスを作り出すための研究や開発などにかかる費用
退職給付費用（たいしょくきゅうふひよう）	退職金や年金などの退職給付にかかる費用（当期に発生した退職給付の額などから，期待運用収益を差し引いた分）（将来に支払う退職給付の債務である退職給付引当金は，p. 47参照）
貸倒引当金繰入額（かしだおれひきあてきんくりいれがく）	受取手形・売掛金などの営業債権に対する回収不能見込額である貸倒引当金を計上する際の引当に対応する費用。営業債権以外の金銭債権に対する貸倒引当金繰入額は営業外費用となる（貸倒引当金は，pp. 26-28参照）

第3章
損益計算書

81

例題 3 - 6

次の項目のうち，販売費及び一般管理費に含まれる項目の個数を選び
なさい。

ア．不動産賃借料

イ．給料

ウ．減価償却費

エ．売上原価

オ．広告宣伝費

（選択肢）　①　1つ　　②　2つ　　③　3つ　　④　4つ
　　　　　　⑤　5つ

解答

④

解説

売上原価は販売費及び一般管理費ではない。図表 3 -17参照。

例題 3 - 7

　次の金額から営業利益の金額を計算し，正しい数値を選びなさい（単位：百万円）。

売　上　高	40,000	広告宣伝費	2,000	給　　　料	4,000
研究開発費	2,000	売 上 原 価	20,000	販売手数料	1,000
租 税 公 課	1,000	減価償却費	3,000		

（選択肢）　①　3,000　　②　7,000　　③　9,000

　　　　　　④　10,000　　⑤　20,000

解答

②

解説

営業利益(7,000)＝売上高(40,000)－売上原価(20,000)－販売費及び一
　　　　　　　般管理費(広告宣伝費2,000＋給料4,000＋研究開発費
　　　　　　　2,000＋販売手数料1,000＋租税公課1,000＋減価償却
　　　　　　　費3,000)

図表 3 - 4 ，図表 3 -17参照。

第5節　経常利益とは

けいじょうりえき
経常利益とは，営業利益に，本業以外で生じた投資収益や資金調達コストを加減算した利益で，経営努力の成果を示すものです。この経常利益は，会社の業績を判断する数値として重視されています。

図表3-2の損益計算書から，営業利益を求めた後，経常利益を計算するまでの部分を取り出すと，図表3-18のようになります。

（図表3-18　経常利益の計算）

（単位：百万円）

営業利益		2,405
営業外収益		
受取利息・有価証券利息	1	
受取配当金	38	
雑 収 入	64	
営業外収益合計		103
営業外費用		
支払利息	27	
雑 損 失	9	
営業外費用合計		36
経常利益		2,472

経常利益は，営業利益に営業外収益を加算し，営業外費用を減算して求められていることがわかります（図表3-19）。

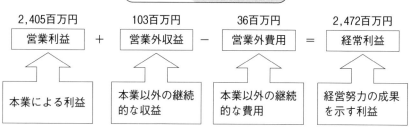

図表 3 -19　経常利益の計算

2,405百万円		103百万円		36百万円		2,472百万円
営業利益	＋	営業外収益	－	営業外費用	＝	経常利益
本業による利益		本業以外の継続的な収益		本業以外の継続的な費用		経営努力の成果を示す利益

② 営業外収益

　えいぎょうがいしゅうえき
　営業外収益 とは，本業以外の財務活動や投資活動などによる収益です。営業外収益には図表 3 -20のような項目が含まれます。

図表 3 -20　主な営業外収益の項目

項　　目	説　　明
受取利息	預貯金や貸付金から得られる利息（預貯金や貸付金・長期貸付金は，pp. 27，39参照）
有価証券利息	所有する国・地方債，他社の社債などの有価証券から得られる利息（有価証券・投資有価証券は，pp. 27，39参照）
有価証券売却益	売買目的有価証券を売却して得た利益（売買目的有価証券は，p. 27参照）
有価証券評価益	決算時に売買目的有価証券の時価が帳簿価額より上昇した分の価値増加額（売買目的有価証券は，p. 27参照）
受取配当金	所有する他社の株式から得られる配当金
雑収入	少額かつ重要性の低いその他の収益

③ 営業外費用

営業外費用とは，本業以外の財務活動や投資活動などによる費用など
をいいます。営業外費用には図表3-21のような項目が含まれます。

図表3-21　主な営業外費用の項目

項　　目	説　　明
支払利息	借入金に対して支払う利息
社債利息	自社が発行した社債に対して支払う利息
有価証券売却損	売買目的有価証券の売却によって生じた損失（売買目的有価証券は，p. 27参照）
有価証券評価損	決算時に売買目的有価証券の時価が帳簿価額より下落した分の価値減少額（売買目的有価証券は，p. 27参照）
雑損失	少額かつ重要性の低いその他の費用

例題 3 - 8

次の項目のうち，営業外収益と営業外費用の組み合わせとして正しいものの個数を選びなさい。

	営業外収益		営業外費用
ア．	受取利息	―	支払利息
イ．	有価証券評価益	―	退職給付費用
ウ．	有価証券利息	―	有価証券評価損
エ．	受取配当金	―	貸倒引当金繰入額
オ．	社債利息	―	有価証券売却損

（選択肢）　①　1つ　　②　2つ　　③　3つ　　④　4つ
　　　　　　⑤　5つ

解答

②

解説

アとウが正しい。

イ．退職給付費用は販売費及び一般管理費。

エ．貸倒引当金繰入額は販売費及び一般管理費。

オ．社債利息は営業外費用。

図表 3 -20，図表 3 -21参照。

例題 3-9

次の金額から経常利益の金額を計算し，正しい数値を選びなさい（単位：百万円）。

営業利益　20,000　　有価証券売却損　3,000　　雑収入　1,000

受取配当金　4,000　　有価証券評価益　2,000　　支払利息　5,000

有価証券利息　1,000

（選択肢）　① 18,000　② 19,000　③ 20,000
　　　　　④ 21,000　⑤ 22,000

解答

③

解説

経常利益(20,000) ＝営業利益(20,000) ＋営業外収益(雑収入1,000＋受取
配当金4,000＋有価証券評価益2,000＋有価証券利息
1,000) －営業外費用(有価証券売却損3,000＋支払利
息5,000)

図表 3 -20，図表 3 -21参照。

第6節　税引前当期純利益とは

 税引前当期純利益

　税引前当期純利益とは，経常利益に臨時的に発生した特別の損益を加
減算した利益で，税金を控除する前の1年間に会社がもうけた利益を示
しています。

　図表3-2の損益計算書から，経常利益を求めた後，税引前当期純利
益を計算するまでの部分を取り出すと，図表3-22のようになります。

図表3-22　税引前当期純利益の計算

（単位：百万円）

経常利益		2,472
特別利益		
投資有価証券売却益	78	
特別利益合計		78
特別損失		
固定資産売却損	18	
減損損失	16	
特別損失合計		34
税引前当期純利益		2,516

税引前当期純利益は，経常利益に特別利益を加算し，特別損失を減算して求められていることがわかります（図表3 -23）。

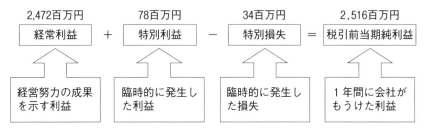

図表3 -23　税引前当期純利益の計算

2,472百万円		78百万円		34百万円		2,516百万円
経常利益	＋	特別利益	－	特別損失	＝	税引前当期純利益
経営努力の成果を示す利益		臨時的に発生した利益		臨時的に発生した損失		1 年間に会社がもうけた利益

❷　特別利益

特別利益とは，臨時的に発生した利益です。特別利益には図表3 -24のような項目が含まれます。

図表3 -24　主な特別利益の項目

項　　目	説　　明
固定資産売却益	土地・建物などを売却して生じた利益（土地・建物は，pp. 35-36参照）
投資有価証券売却益	投資目的で保有している有価証券（有価証券のうち「その他有価証券」）を売却したときの売却益（「その他有価証券」はp. 29参照。投資有価証券は p. 39参照）

3 特別損失

　特別損失とは，臨時的に発生した損失です。特別損失には図表3-25のような項目が含まれます。

図表3-25　主な特別損失の項目

項　　目	説　　明
固定資産売却損	土地・建物などを売却して生じた損失（土地・建物は，pp. 35-36参照）
投資有価証券売却損	投資目的で保有している有価証券（有価証券のうちの「その他有価証券」）を売却したときの売却損
減損損失 （げんそんそんしつ）	資産の収益性が低下し，投資回収額が帳簿価額を下回る見込になる等，固定資産の価値が減少したことによる評価損
災害による損失	火災・地震などによって生じた損失

例題 3 -10

次の項目のうち，特別損失に該当しない項目の個数を選びなさい。

ア．投資有価証券売却損

イ．固定資産売却損

ウ．社債利息

エ．災害による損失

オ．減損損失

（選択肢）　①　1つ　　②　2つ　　③　3つ　　④　4つ
　　　　　　⑤　5つ

解答

①

解説

ウ．社債利息は営業外費用。

図表 3 -21，図表 3 -25参照。

例題 3 -11

次の金額から税引前当期純利益の金額を計算し，正しい数値を選びな
さい（単位：百万円）。

売上原価　20,000　営業利益　16,000　経常利益　15,000

投資有価証券売却益　4,000　固定資産売却損　2,000

減損損失　2,000　災害による損失　1,000

（選択肢）	① 10,000	② 12,000	③ 14,000
	④ 16,000	⑤ 18,000	

解答

③

解説

税引前当期純利益(14,000)＝経常利益(15,000)＋特別利益(投資有価証
券売却益4,000)－特別損失(固定資産売却
損2,000＋減損損失2,000＋災害による損失
1,000)

図表 3 -23，図表 3 -24，図表 3 -25参照。

第7節　当期純利益とは

 当期純利益

<ruby>当期純利益<rt>とうきじゅんりえき</rt></ruby>とは，税金などを差し引いた利益で，1年間の最終的な利益を示しています。当期純利益は，株主への配当資金や内部留保となります。

図表3-2の損益計算書から，税引前当期純利益を求めた後，当期純利益を計算するまでの部分を取り出すと，図表3-26のようになります。

(図表3-26　当期純利益の計算)

(単位：百万円)

税引前当期純利益	2,516
法人税，住民税及び事業税	801
法人税等調整額	59
法人税等合計	860
当期純利益	1,656

当期純利益は，税引前当期純利益から税額を差し引いて求めます。ここで差し引かれる税額は，法人税，住民税及び事業税と，法人税等調整額の合計額です（図表3-27）。これらの合計は**法人税等合計**として表示されます。以下では，法人税，住民税及び事業税，法人税等調整額について順に説明します。

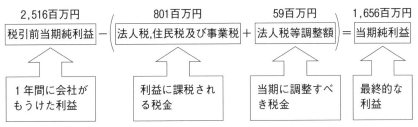

図表 3-27　当期純利益の計算

2,516百万円　　　　　　801百万円　　　　　　59百万円　　　　　1,656百万円

| 税引前当期純利益 | − | （ | 法人税,住民税及び事業税 | + | 法人税等調整額 | ） | = | 当期純利益 |

| 1年間に会社が
もうけた利益 | 利益に課税され
る税金 | 当期に調整すべ
き税金 | 最終的な
利益 |

※　（　）内は税額計算。法人税等合計として表示される。

2 法人税，住民税及び事業税

　法人税は，会社の利益の金額にもとづいて，法人税法の規定によって課される税金です。法人税に連動して，**住民税**と**事業税**も課税されます。このように利益の金額に応じて課税される税金は，損益計算書では税引前当期純利益の下に記載されます（事業を営む上でかかる租税公課は販売費及び一般管埋費。図表3-17参照）。

　法人税，住民税及び事業税のことをまとめて**法人税等**ともいいます。

3 法人税等調整額

　法人税・住民税・事業税は税法にもとづいて計算した利益相当額（所得金額）に課されますので，会計上の利益の金額に単純に税率を掛けた金額とは異なります。そこで，税法にもとづき計算される税額を，会計上の利益にもとづき計算される税額に調整して，当期純利益と法人税等の金額を合理的に対応させる会計処理をします。この場合の税務上と会計上の税額の差額を調整する項目が**法人税等調整額**です。現在までに負

担すべき税金を将来に支払う場合は税額をプラス調整し，将来に負担する税金をすでに支払っている場合は税額をマイナス調整します。図表3-26は，税額をプラス調整している事例です。例題3-12は，税額をマイナス調整している事例です。

　このように，会計上の利益をもとに計算した法人税等の金額と税務上の法人税等の金額との差額を調整する手続を**税効果会計**といいます。税効果会計では，損益計算書で法人税等調整額を計上し，貸借対照表に繰延税金資産（将来に負担する税金をすでに支払っている状態のとき）または繰延税金負債（現在までに負担すべき税金を将来に支払う状態のとき）を計上します（繰延税金資産は p. 39，繰延税金負債は p. 47参照。税効果会計の詳細は，ビジネス会計検定試験公式テキスト 2 級で扱います）。

例題 3 -12

次の金額から当期純利益を計算し，正しい数値を選びなさい（単位：百万円）。なお，△はマイナスを意味する。

税引前当期純利益　5,000　法人税，住民税及び事業税　2,000

法人税等調整額　△1,000

（選択肢）	①	2,000	②	3,000	③	4,000
	④	5,000	⑤	6,000		

解答

③

解説

当期純利益(4,000) ＝税引前当期純利益(5,000) －法人税等合計(法人税，
　　　　　　　　　　住民税及び事業税2,000＋法人税等調整額△1,000)

　これは将来に負担する税金をすでに支払っているケースで，マイナスの法人税等調整額を，法人税，住民税及び事業税に加算し，法人税等合計を計算します。

　図表 3 -27参照。

次の金額から当期純利益を計算し，正しい数値を選びなさい（単位：百万円）。

経常利益　7,000　　固定資産売却益　1,000

法人税，住民税及び事業税　3,000　　法人税等調整額　　1,000

災害による損失　2,000　　租税公課　1,000

（選択肢）　① 1,000　② 2,000　③ 3,000
　　　　　　④ 4,000　⑤ 5,000

解答

②

解説

税引前当期純利益(6,000)＝経常利益(7,000)＋特別利益(固定資産売却益1,000) 特別損失(災害による損失2,000)

当期純利益(2,000)＝税引前当期純利益(6,000)－法人税等合計(法人税，住民税及び事業税3,000＋法人税等調整額1,000)

　これは現在までに負担すべき税金を将来に支払うケースで，プラスの法人税等調整額を，法人税，住民税及び事業税に加算し，法人税等合計を計算します。

　図表 3 -27参照。

　租税公課は販売費及び一般管理費。図表 3 -17参照。

例題 3 -14

次の文章について，正しいものの個数を選びなさい。

ア．期間損益計算のルールには，発生主義の原則，実現主義の原則，現金主義の原則の３つがある。

イ．商業における売上原価は，商品期首棚卸高と当期商品仕入高の合計から商品期末棚卸高を差し引いて求める。

ウ．売上総利益に，営業外収益を加算して，営業外費用を減算すると経常利益が求められる。

エ．経常利益に，特別利益を加算して，特別損失を減算すると当期純利益が求められる。

オ．当期純利益は，税引前当期純利益から，法人税，住民税及び事業税と，法人税等調整額の合計額を差し引いて求める。

| （選択肢） | ① 1つ | ② 2つ | ③ 3つ | ④ 4つ |
| | ⑤ 5つ | | | |

解答

②

解説

ア．誤り。３つめは費用収益対応の原則である。図表 3 - 7 参照。

イ．正しい。図表 3 -13参照。

ウ．誤り。文頭は売上総利益ではなく営業利益である。図表 3 -19参照。

エ．誤り。この文章は税引前当期純利益を求める説明である。図表 3 -23参照。

オ．正しい。図表 3 -27参照。

次の表示項目と表示区分の組み合わせのうち，誤っているものを選び
なさい。

	表示項目		表示区分
①	役員報酬	—	販売費及び一般管理費
②	租税公課	—	販売費及び一般管理費
③	社債利息	—	営業外費用
④	有価証券評価損	—	特別損失
⑤	固定資産売却損	—	特別損失

解答

④

解説

有価証券評価損は営業外費用。

図表 3 -17，図表 3 -21，図表 3 -25参照。

例題 3-16

次の資料により，(a)から(e)に入る選択肢を選びなさい。なお，損益計算書は資料に示されている項目だけで構成されているものとし，△はマイナスを意味する。同じ選択肢を何度使ってもよい。

<資料>（単位：百万円）

売 上 高	30,000	商品期首棚卸高	5,000
当期商品仕入高	19,000	商品期末棚卸高	4,000
固定資産売却益	2,000	広告宣伝費	2,500
社債利息	1,000	研究開発費	1,000
支払利息	500	受取配当金	1,000
給 料	4,000	投資有価証券売却損	1,000
法人税等調整額	△500	法人税，住民税及び事業税	1,500

売上総利益は（　a　）百万円である。

営 業 利 益 は（　b　）百万円である。

経 常 利 益 は（　c　）百万円である。

税引前当期純利益は（　d　）百万円である。

当期純利益は（　e　）百万円である。

（選択肢）	① 1,000	② 1,500	③ 2,000	④ 2,500
	⑤ 3,000	⑥ 3,500	⑦ 4,000	⑧ 5,000
	⑨ 8,000	⑩ 10,000		

解答

a．⑩　　b．④　　c．③　　d．⑤　　e．③

計算結果は，下の表を参照。

売上高	30,000
売上原価（商品期首棚卸高＋当期商品仕入高－商品期末棚卸高）	20,000
売上総利益	a．10,000
販売費及び一般管理費（広告宣伝費＋研究開発費＋給料）	7,500
営業利益	b．2,500
営業外収益（受取配当金）	1,000
営業外費用（社債利息＋支払利息）	1,500
経常利益	c．2,000
特別利益（固定資産売却益）	2,000
特別損失（投資有価証券売却損）	1,000
税引前当期純利益	d．3,000
法人税，住民税及び事業税	1,500
法人税等調整額	△500
法人税等合計	1,000
当期純利益	e．2,000

第4章 キャッシュ・フロー計算書

学習のポイント

　キャッシュ・フロー計算書とは，一会計期間におけるキャッシュ・フローの状況を表示する計算書であり，貸借対照表，損益計算書とともに，財務諸表の1つとして位置づけられています。キャッシュ・フロー計算書は，その会計期間におけるキャッシュの増減に関する情報を提供します。本章の内容を学ぶことにより，(1)なぜキャッシュ・フロー計算書が必要なのか，(2)収益・費用とキャッシュ・フローはどのような関係にあるのか，(3)キャッシュ・フロー計算書は貸借対照表・損益計算書とどのような関係にあるのか，(4)キャッシュ・フロー計算書を読めば何がわかるのかが理解できます。また，これらを理解することによって，キャッシュ・フロー計算書の具体的な読み方がわかります。キャッシュ・フロー計算書では，キャッシュ・フローは営業活動，投資活動，財務活動という3つの区分に分けて表示されています。これらの活動区分の意味とそれぞれの区分に表示される内容を理解すれば，活動区分別のキャッシュの増減，つまりキャッシュがどの活動区分から生み出され，どの活動区分に使用されているのかを読み解けるようになります。

第1節　キャッシュ・フロー計算書とは

① キャッシュ・フロー計算書とは

　キャッシュ・フロー計算書（英語表記は Cash Flow Statement〈略〉C/S）とは，一会計期間におけるキャッシュ・フローの状況を表示する計算書です。ここでキャッシュ・フローとは，資金の増加（キャッシュ・インフロー）と資金の減少（キャッシュ・アウトフロー）を意味します。

　キャッシュ・フロー計算書は，その会計期間におけるキャッシュの増減に関する情報を提供します。

② 事業活動と資金の循環

　企業が事業活動を行うためには，元手としての資金が必要です。企業は，まず資金を使ってさまざまな準備をし，その後に営業活動を通じて資金を回収します。この順序を理解することが重要です。時計の小売業を例にとって考えてみましょう。

　まず，時計を販売する店舗を構え，開業するためには，土地・建物を購入するか，借りることになります。店舗には，時計を並べるための陳列棚や事務を行うための机・椅子などの備品や，事務作業に使う筆記用具，販売時に使用する包装紙などの消耗品も必要です。営業用の自動車（車両運搬具）も必要かもしれません。さらに，販売する時計を仕入れなければなりません。従業員を雇うこともあるでしょう。営業活動を開始するためには，これらの購入代金，賃借料，給料などを支払わなくて

はなりません。営業を開始するための準備に使った資金は，店舗に陳列している時計の販売を通じて売上代金として回収されます。店舗の開店後も同じことが言えます。時計の仕入代金，店舗を運営するための給料，水道光熱費，消耗品費などは，時計の販売を通じて回収されます。

　企業の活動は，このような資金の循環（資金の支払いと回収）として捉えることができます。資金は企業経営にとっての血液にたとえられます。資金がうまく循環しないと企業は倒産の危機に陥ってしまいます。

❸　収益・費用とキャッシュ・フロー

　「勘定合って銭足らず」，「黒字倒産」という言葉を見聞きしたことがあると思います。これらは，会計上はもうかっているのに実際の支払いに充てる資金が足りなくなること，それによって倒産してしまうこともあるという状況を表しています。なぜこのようなことが起きるのでしょうか。

　それは，収益・費用が損益計算書に計上されるタイミングと，現金収支のタイミングに違いがあるからです。第3章第2節で学習したように，期間損益の計算（期間損益＝期間収益－期間費用）には発生主義の原則，実現主義の原則，費用収益対応の原則が適用されます。そのため，期間収益額と現金収入額，期間費用額と現金支出額は必ずしも一致しません。

　たとえば，商品を販売し，その代金を現金で受け取った場合には，収益（売上）と同額の現金収入が得られます。しかし，商品を掛で販売し，その売掛金は翌期に回収した場合，収益計上と現金収入の時期にズレが生じます。また，建物を1,000万円で購入し，全額を現金で支払ったとしましょう。減価償却費として当期の損益計算に含まれるのは，費用収益対応の原則により，支出した1,000万円の一部分（たとえば100万円）

だけです。この他に，貸倒引当金繰入のように現金の収入・支出を伴わない収益・費用項目もあります。

　収益・費用と収入・支出とのこのようなズレを，簡単な設例で確認しましょう。

設例

　1年間に次の2つの取引だけを行ったと仮定します。
① 　商品（50万円）を仕入れた。
② 　①で仕入れた商品を80万円で販売した。

　期間収益は売上80万円，期間費用は売上原価50万円，当期純利益は30万円です。これに対して現金の収支差額（枠内の数値）は，上記①と②の代金決済方法の違いによって，図表4-1のように変化します。

図表4-1　　代金決済の方法による現金収支差額の変化		
売上代金 仕入代金	現金受取	掛（売掛金）
現金支払	〈ケース1〉 ＋30万円	〈ケース2〉 −50万円
掛（買掛金）	〈ケース3〉 ＋80万円	〈ケース4〉 0万円

（注）　売掛金の回収および買掛金の支払いはすべて翌期以降であると仮定する。

〈ケース1〉

　仕入代金と売上代金のどちらも現金で決済した場合，仕入による現金支出50万円，売上による現金収入80万円で，現金は30万円増加します。これは当期純利益と同額です。つまり，もうけと同額だけ現金が増加します。

〈ケース2〉

　仕入代金は現金で支払い，売上代金は掛にした場合，仕入による現金支出50万円，売上による現金収入0万円で，現金は50万円減少します。

〈ケース3〉

　仕入代金は掛とし，売上代金を現金で受け取った場合，仕入による現金支出0万円，売上による現金収入80万円で，現金は80万円増加します。

〈ケース4〉

　仕入代金と売上代金のどちらも掛とした場合，仕入による現金支出0万円，売上による現金収入0万円で，現金の増減はありません。

　このように，当期純利益と同じ金額だけ現金が増えるのはケース1だけで，その他の3つのケースでは，当期純利益と現金の収支差額は一致しません。キャッシュ・フロー計算書は，このような損益計算書だけでは把握できない資金の増減に関する情報を提供してくれます。

4 キャッシュの範囲

　キャッシュ・フロー計算書が対象とするキャッシュ（資金）の範囲は，現金及び現金同等物です（図表4-2）。

図表4-2　キャッシュの範囲

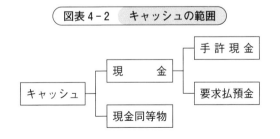

ここで現金とは，**手許現金**および**要求払預金**をいいます。要求払預金とは，顧客が，事前の通知なしで，または数日の事前通知により，元本を引き出せるような期限の定めのない預金をいいます。要求払預金には，たとえば，当座預金，普通預金，通知預金が含まれます。

　現金同等物は，容易に換金可能であり，かつ，価値の変動についてわずかなリスクしか負わない短期の投資をいいます。現金同等物には，たとえば，取得日から満期日または償還日までの期間が3カ月以内の短期投資である定期預金などが該当します。ただし，「3カ月以内」という基準は，一般的な例を示しているのであって必ずしも一律の基準ではありません。取得日から満期日または償還日までの期間が3カ月を超える金融商品であっても，経営者の判断により現金同等物に含められることもあります。

　また，詳しくは公式テキスト2級で説明しますが，貸借対照表では有価証券に含まれるコマーシャル・ペーパーなどの短期投資も現金同等物に含まれます。

　したがって，キャッシュ・フロー計算書における現金及び現金同等物は，貸借対照表の「現金及び預金」とは必ずしも一致しません。そこで企業は，キャッシュ・フロー計算書の現金及び現金同等物の期末残高と，貸借対照表に表示されている項目の金額との関係を，注記に開示しなければなりません。図表4-3はこの注記の例示です。

現金及び現金同等物の期末残高と貸借対照表に掲記されている科目の金額との関係に関する注記

	前会計年度	当会計年度
現金及び預金勘定	1,500	1,600
取得日から 3 カ月以内に償還期限の到来する短期投資（有価証券）	300	310
預入期間が 3 カ月を超える定期預金	△250	△270
現金及び現金同等物	1,550	1,640

例題 4 − 1

キャッシュ・フロー計算書に関する次の文章のうち，誤っているものの組み合わせ選びなさい。

ア．キャッシュ・フロー計算書は，一会計期間におけるキャッシュ・フローの状況を表示する。

イ．キャッシュ・フロー計算書は，貸借対照表や損益計算書とは異なり，財務諸表の１つとは位置づけられていない。

ウ．損益計算書に計上される収益・費用の金額と，実際の現金収支額とは必ずしも一致しないので，その不一致の原因を明らかにするためにキャッシュ・フロー計算書が作成される。

エ．キャッシュ・フローとは，資金の増加（キャッシュ・インフロー）と資金の減少（キャッシュ・アウトフロー）を意味する。

オ．キャッシュ・フロー計算書が対象とするキャッシュの範囲は，現金及び現金同等物である。

（選択肢）　① アイ　　② イウ　　③ イエ　　④ ウエ　　⑤ エオ

解答

②

解説

イ．キャッシュ・フロー計算書は，貸借対照表や損益計算書とともに，財務諸表の１つとして位置づけられている。

ウ．キャッシュ・フロー計算書は，期間収益・期間費用の金額と，実際の現金収支額との不一致の原因を明らかにするわけではない。

例題 4 − 2

　次の文章について，正誤の組み合わせとして正しいものを選びなさい。

ア．キャッシュ・フロー計算書における現金及び現金同等物は，貸借対
　　照表の「現金及び預金」と必ず一致する。

イ．現金同等物は，容易に換金可能であり，かつ，価値の変動について
　　わずかなリスクしか負わない短期の投資をいう。

| (選択肢) | ① (ア) 正 (イ) 正 | ② (ア) 正 (イ) 誤 |
| | ③ (ア) 誤 (イ) 正 | ④ (ア) 誤 (イ) 誤 |

解答

　③

解説

　現金同等物には，貸借対照表上の「現金及び預金」に計上されないもの
（例えば有価証券）が含まれることがある。

例題 4 - 3

次の項目のうち，現金または現金同等物に含まれない項目を選びなさい。

ア．通知預金

イ．手許現金

ウ．市場性のある株式

エ．当座預金

オ．預入期間が3カ月を超える定期預金

解答

ウ，オ

解説

ウ．市場性のある株式は，時価の変動によるリスクがあるため，現金同等物に含まれない。

オ．一般的に，預入期間が3カ月を超える定期預金は短期投資とはみなされず，現金同等物には含まれない。ただし，経営者の判断によって現金同等物に含められることもある。

第2節 キャッシュ・フロー計算書と
貸借対照表・損益計算書との関係

　キャッシュ・フロー計算書は，貸借対照表，損益計算書とともに，財務諸表の1つとして位置づけられています。

　キャッシュ・フロー計算書をこれまで学んだ貸借対照表や損益計算書と比較すると，図表4-4のようになります。貸借対照表は一定時点（決算日）の財政状態を示すものですが，キャッシュ・フロー計算書は，損益計算書が一定期間（1年間）の経営成績を示すのと同じように，一定期間（1年間）のキャッシュ・フローの状況を示しています。

図表4-4　　貸借対照表，損益計算書とキャッシュ・フロー計算書

名　　　　称	内　　　容	対　　　象
貸借対照表	財政状態	一定時点（決算日）
損益計算書	経営成績	一定期間（1年間）
キャッシュ・フロー計算書	キャッシュ・フローの状況	一定期間（1年間）

　本章では，キャッシュ・フロー計算書の基本的な事項のみを簡潔に説明します。詳しくは公式テキスト2級以上であらためて説明します。

　キャッシュ・フロー計算書の具体的な内容を学習する前に，キャッシュ・フロー計算書と貸借対照表・損益計算書との関係を確認しておきましょう（図表4-5）。

第4章
キャッシュ・フロー計算書

113

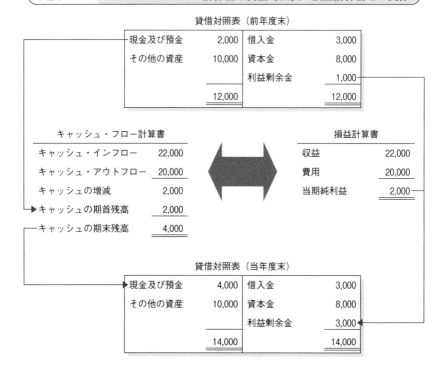

図表 4 - 5　キャッシュ・フロー計算書と貸借対照表・損益計算書との関係

貸借対照表（前年度末）

現金及び預金	2,000	借入金	3,000
その他の資産	10,000	資本金	8,000
		利益剰余金	1,000
	12,000		12,000

キャッシュ・フロー計算書

キャッシュ・インフロー	22,000
キャッシュ・アウトフロー	20,000
キャッシュの増減	2,000
キャッシュの期首残高	2,000
キャッシュの期末残高	4,000

損益計算書

収益	22,000
費用	20,000
当期純利益	2,000

貸借対照表（当年度末）

現金及び預金	4,000	借入金	3,000
その他の資産	10,000	資本金	8,000
		利益剰余金	3,000
	14,000		14,000

① キャッシュ・フロー計算書と貸借対照表の関係

　キャッシュ・フロー計算書は，貸借対照表に記載されるキャッシュ（現金預金，有価証券など）の１年間の増減，すなわち前年度末のキャッシュと当年度末のキャッシュの増減の原因を説明します。図表 4 - 5 では，キャッシュは現金及び預金だけと仮定しています。前年度末の現金預金の残高は2,000で，当年度中にキャッシュが2,000増加し，当年度末の現金預金の残高は4,000となっています。

② キャッシュ・フロー計算書と損益計算書の関係

　キャッシュ・フロー計算書は，損益計算書に記載されている収益および費用（したがって，その差額としての利益）のうち，当年度中に実際に収入（キャッシュ・インフロー）または支出（キャッシュ・アウトフロー）のあった金額を示します。図表4-5では，単純化のため，損益計算書に記載されている収益22,000はすべてキャッシュとして回収され，費用20,000はすべてキャッシュで支払われたと仮定しています。そのため，当年度中にキャッシュは当期純利益2,000と同額だけ増加しています。

　実際には，当年度の売上のうち期末時点までに回収されない部分がありますし，前年度以前の売掛金が当年度中に回収されることもあります。そのため，損益計算書に記載される収益・費用と，キャッシュ・フロー計算書に記載されるキャッシュ・インフローおよびキャッシュ・アウトフローは，通常，一致しません。

③ 貸借対照表と損益計算書の関係

　損益計算書は，配当金の支払いなどによる増減がない場合，前年度末の貸借対照表の利益剰余金と当年度末の貸借対照表の利益剰余金の増減の原因を説明します。図表4-5では，当期純利益2,000の計上により，利益剰余金が2,000増加しています。

④ キャッシュ・フロー計算書の役割

　キャッシュ・フロー計算書には，損益計算書および貸借対照表との関

係で，次の役割が期待されています。

- 企業の現金創出能力（キャッシュ・インフローとキャッシュ・アウトフローの差額としてのキャッシュを増やす力はどの程度か）を示す。
- 企業の債務返済能力（借入金などを約束した返済期日に返済する資金の余裕があるか）および配当金支払能力（配当を支払う資金の余裕があるか）を示す。
- 損益計算書に示される利益と資金の増減との関係（利益と資金（キャッシュ）はどの程度のずれがあるか）を示す。

第3節　キャッシュ・フロー計算書の様式としくみ

1 キャッシュ・フロー計算書の様式

　キャッシュ・フロー計算書の一般的な事例を図表4-6に示します。貸借対照表と損益計算書には「勘定式」と「報告式」という2つの様式がありますが，キャッシュ・フロー計算書の様式は1種類です。ただし，営業活動によるキャッシュ・フローの区分の表示方法として，直接法と間接法という2つの方法があります。これについては後述します。投資活動によるキャッシュ・フローの区分と財務活動によるキャッシュ・フローの区分の表示は共通です。

キャッシュ・フロー計算書

（自　×4年 2 月 1 日　至　×5年 1 月31日）

（単位：百万円）

営業活動によるキャッシュ・フロー

税引前当期純利益	2,517
減価償却費	671
減損損失	16
賞与引当金の増減額（△は減少）	1
退職給付引当金の増減額（△は減少）	△207
貸倒引当金の増減額（△は減少）	1
支払利息	28
受取利息及び受取配当金	△39
投資有価証券売却損益（△は益）	△78
固定資産除売却損益（△は益）	18
売上債権の増減額（△は増加）	△156
棚卸資産の増減額（△は増加）	142
仕入債務の増減額（△は減少）	△92
未払消費税等の増減額（△は減少）	△10
その他	54
小計	2,865
利息及び配当金の受取額	44
利息の支払額	△28
法人税等の支払額	△888
営業活動によるキャッシュ・フロー	1,992

投資活動によるキャッシュ・フロー

定期預金の預入による支出	△990
定期預金の払戻による収入	―
有価証券の取得による支出	△3,303
有価証券の売却及び償還による収入	3,901
有形及び無形固定資産の取得による支出	△1,252
有形及び無形固定資産の売却による収入	0
資産除去債務の履行による支出	―
投資有価証券の取得による支出	△5
投資有価証券の売却及び償還による収入	139
関係会社株式の取得による支出	―

貸付けによる支出	△10
貸付金の回収による収入	1
敷金及び保証金の差入による支出	△33
敷金及び保証金の回収による収入	7
長期前払費用の取得による支出	△0
その他の支出	△25
投資活動によるキャッシュ・フロー	△1,572
財務活動によるキャッシュ・フロー	
長期借入金の返済による支出	－
自己株式の純増減額（△は増加）	△124
配当金の支払額	△251
財務活動によるキャッシュ・フロー	△374
現金及び現金同等物の増減額（△は減少）	46
現金及び現金同等物の期首残高	1,584
現金及び現金同等物の期末残高	1,629

※△はマイナスを意味する。

 3つの活動区分

　キャッシュ・フロー計算書の特徴の1つは，企業の活動を営業活動，投資活動，財務活動という3つの区分に分けてキャッシュ・フローを把握するところにあります（図表4-7）。**営業活動**とは企業がその目的を達成するために行う主要な活動（いわゆる本業）をいい，**投資活動**とは設備投資や余剰資金の運用をいいます。**財務活動**は，資金調達（借入）や借入金返済などの活動のことです。

　キャッシュ・フロー計算書では，一会計期間のキャッシュ・インフローとキャッシュ・アウトフローをそれぞれの活動に分けて表示し，それらを加減して正味のキャッシュ・フローを計算します。

図表 4 - 7 　企業の営業活動，投資活動，財務活動

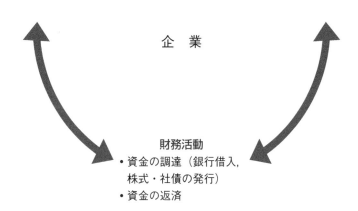

投資活動
- 設備投資（土地，建物，設備，備品の購入）
- 運用（有価証券の購入，貸付）

営業活動
- 商品の仕入と販売
- 人件費の支払い
- 営業経費の支払い

企　業

財務活動
- 資金の調達（銀行借入，株式・社債の発行）
- 資金の返済

③ キャッシュ・フロー計算書のしくみ

　キャッシュ・フロー計算書の基本的なしくみは，図表4-8のように示すことができます。

> Ⅰ　営業活動によるキャッシュ・フロー
> 　1．営業活動からの収入（A）
> 　2．営業活動への支出（B）
> 　　営業活動によるキャッシュ・フロー（C＝A－B）
> Ⅱ　投資活動によるキャッシュ・フロー
> 　1．投資活動からの収入（D）
> 　2．投資活動への支出（E）
> 　　投資活動によるキャッシュ・フロー（F＝D－E）
> Ⅲ　財務活動によるキャッシュ・フロー
> 　1．財務活動からの収入（G）
> 　2．財務活動への支出（H）
> 　　財務活動によるキャッシュ・フロー（I＝G－H）
> Ⅳ　現金及び現金同等物の増減額（J＝C＋F＋I）
> Ⅴ　現金及び現金同等物の期首残高（K）
> Ⅵ　現金及び現金同等物の期末残高（L＝J＋K）

　営業・投資・財務という3つの活動区分のキャッシュ・フローを集計すれば，一会計期間における現金及び現金同等物の期中の増減額が示されます（J－C＋F＋I）。そして，現金及び現金同等物の期首残高（K）にこれを加算することによって，現金及び現金同等物の期末残高（L）が計算されます（図表4-9）。

図表 4 - 9 　 現金及び現金同等物の計算

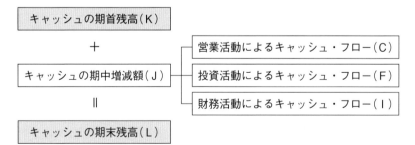

例題 4 - 4

次の文章について，正誤の組み合わせとして正しいものを選びなさい。

ア．キャッシュ・フロー計算書は，一会計期間のキャッシュ・インフローとキャッシュ・アウトフローを，営業活動，投資活動，財務活動という3つの活動に区分して表示する。

イ．有価証券の購入や貸付けなどの資金運用に伴うキャッシュ・フローは，財務活動によるキャッシュ・フローの区分に表示される。

（選択肢） ① (ア) 正 (イ) 正　　② (ア) 正 (イ) 誤
　　　　　 ③ (ア) 誤 (イ) 正　　④ (ア) 誤 (イ) 誤

解答

②

解説

有価証券の購入や貸し付けなどの資金運用は，投資活動に区分される。

第4節　キャッシュ・フロー計算書の読み方

 営業活動によるキャッシュ・フロー

　営業活動とは，いわゆる本業のことで，企業がその目的を達成するために行う商品の売買，製品の製造・販売，サービスの提供に関連する諸活動を意味します。これには，損益計算書における営業損益の計算に関係する売上高，売上原価，販売費及び一般管理費に含まれる項目が主に該当します。また，投資活動および財務活動以外の活動によるキャッシュ・フロー（つまり，他の区分には含まれないもの。たとえば，災害による保険金収入，損害賠償金の支払いなど）もこの区分に含まれます。

　営業活動によるキャッシュ・フローの区分の表示方法には，直接法と間接法という2つの方法があります。投資活動によるキャッシュ・フローの区分と財務活動によるキャッシュ・フローの区分の表示は共通です。

(1)　直接法

　直接法とは，営業活動によるキャッシュ・フローを商品の販売や仕入，給料の支払い，経費の支払いなどの主要な取引ごとに総額で表示する方法です。図表4-10は，直接法により表示された営業活動によるキャッシュ・フローの区分の内容を示しています。

```
営業活動によるキャッシュ・フロー
　営業収入（A）
　原材料又は商品の仕入による支出（B）
　人件費の支出（C）
　その他の営業支出（D）
　小　計（E＝A－B－C－D）
　法人税等の支払額（F）
　営業活動によるキャッシュ・フロー（G＝E－F）
```

　たとえば，図表 4 -11の場合，営業収入（商品小売業の場合）は，当期売上高のうち現金売上高（20）と，売掛金の当期回収高（60）の合計80として求められます。

図表 4 -11　直接法による営業収入の計算例

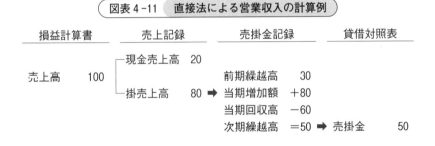

　直接法を用いれば，資金の流れを総額で把握することができます。ただし，図表 4 -11のように主要な取引ごとにキャッシュ・フローに関する基礎データを用意することが必要であり，実務上手数を要すると考えられます。

(2)　間接法

　間接法とは，損益計算書の税引前当期純利益にいくつかの調整項目を

加減して営業活動によるキャッシュ・フローを表示する方法です。図表4-12は，間接法により表示された営業活動によるキャッシュ・フローの区分の内容を示しています。

図表4-12　間接法による営業活動によるキャッシュ・フローの区分の表示

営業活動によるキャッシュ・フロー
　税引前当期純利益（A）
　現金及び現金同等物の変動を伴わない項目の金額（B）
　投資活動および財務活動に関連する項目の金額（C）
　営業活動に係る資産および負債の増減額（D）
　小計（E＝A±B±C±D）
　投資活動および財務活動以外の活動による現金及び現金同等物の増減額（F）
　営業活動によるキャッシュ・フロー（G＝E±F）

間接法では資金の流れを総額で把握することはできませんが，利益（収益および費用）と営業活動に関するキャッシュ・フローとの関連を明らかにすることができます。また，間接法には直接法と比較して作成が容易であるという利点もあります。直接法による場合，現金及び現金同等物の増減を個別に記録しなければなりませんが，間接法による場合には，従来通りの記録にもとづく調整計算で作成できます。そのため，実務においては，ほとんどの会社が間接法を採用しています。

なお，直接法と間接法のいずれを採用しても，営業活動によるキャッシュ・フローの金額は同じです。

⑶　間接法による表示例

では，次の資料にもとづいて，営業活動によるキャッシュ・フローの区分を間接法により表示してみましょう。

(資料1)　　　　　　　　　　貸借対照表　　　　　　（金額：百万円）

資　　産	期首	期末	負債・資本	期首	期末
現　　　　金	450	750	買　掛　金	400	500
売　掛　金	500	650	短期借入金	200	250
有　価　証　券	450	350	長期借入金	600	500
棚　卸　資　産	400	350	資　本　金	1,000	1,000
有形固定資産	1,300	1,300	利益剰余金	300	450
減価償却累計額	(600)	(700)			
	2,500	2,700		2,500	2,700

(資料2)　　　　損益計算書　（金額：百万円）

売　上　高	3,600
売上原価	3,190
売上総利益	410
販売費及び一般管理費	
減価償却費	100
営業利益	310
営業外費用	
有価証券売却損	10
税引前当期純利益	300
法人税，住民税及び事業税	150
当期純利益	150

(資料3)

- 当期中に帳簿価額100百万円の有価証券を90百万円で売却した。

① 税引前当期純利益

間接法による営業活動によるキャッシュ・フローの区分は，損益計算書の税引前当期純利益（図表4-12の（A））から始まります。

② 現金及び現金同等物の変動を伴わない項目

現金及び現金同等物の変動を伴わない項目（図表4-12の（B））とは，税引前当期純利益の計算には含まれているが，現金及び現金同等物の変

動を伴わない収益・費用項目です。

　この設例では損益計算書に記載されている減価償却費がこれに該当します。減価償却費100百万円は損益計算書で減算されていますが，現金は流出していませんので，税引前当期純利益に加算します。つまり，損益計算書で減算される費用のうち実際の支出を伴わないものはキャッシュ・フロー計算書では加算され，損益計算書で加算される収益のうち実際の収入を伴わないものはキャッシュ・フロー計算書では減算されます。

　損益計算書に記載される収益・費用のうち，現金及び現金同等物の変動を伴わない項目には，図表4-13のような項目があります。

図表4-13　現金及び現金同等物の変動を伴わない項目の調整

損益計算書の項目	キャッシュ・フロー計算書	
	税引前当期純利益	
減価償却費	加算	—
減損損失	加算	—
貸倒引当金繰入	加算	—

③　投資活動および財務活動に関連する項目

　投資活動および財務活動に関連する項目（図表4-12の（C））とは，「投資活動によるキャッシュ・フロー」の区分と「財務活動によるキャッシュ・フロー」の区分に含まれるキャッシュ・フローに関連する損益項目であり，おおむね損益計算書における営業外損益項目および特別損益項目が該当します。

　この設例では有価証券売却損がこれに該当します。有価証券売却損10百万円は損益計算書で減算されていますが，有価証券の売却による収入

90百万円をすべて「投資活動によるキャッシュ・フロー」の区分に記載するために，営業活動によるキャッシュ・フローを計算するにあたって，税引前当期純利益に加算します。

　投資活動および財務活動に関する項目は営業活動とは関係ありませんので，損益計算書で加算される収益はキャッシュ・フロー計算書では減算し，損益計算書で減算される費用はキャッシュ・フロー計算書では加算します。

　このような項目には，図表 4 -14に示す項目が含まれます。

図表 4 -14　　投資活動および財務活動に関連する項目の調整

損益計算書の項目		キャッシュ・フロー計算書	
		税引前当期純利益	
営業外収益	受取利息	－	減算
	受取配当金	－	減算
	有価証券売却益	－	減算
営業外費用	支払利息	加算	－
	有価証券売却損	加算	－
特別利益	投資有価証券売却益	－	減算
	固定資産売却益	－	減算
特別損失	投資有価証券売却損	加算	－
	固定資産売却損	加算	－

　なお，利息の収入および支出，ならびに配当金の収入は，営業活動・投資活動・財務活動という 3 つの活動区分の境界線上にある項目（取引）ですので，それぞれの取引がどの活動とより強く関連しているかによって，キャッシュ・フロー計算書の表示区分を決定するというのが原

則的な考え方です。詳しくは公式テキスト2級であらためて説明します。

④　営業活動に係る資産および負債の増減額

　営業活動に係る資産および負債の増減額（図表4-12の（D））とは，損益計算にはまったく影響を与えていないけれども，現金及び現金同等物の残高に影響を与えている資産・負債項目の増減額（当期末残高－前期末残高）です。

　この設例では，売掛金の増加額，棚卸資産の減少額，買掛金の増加額がこれに該当します。売掛金の増加額150百万円は税引前当期純利益から減算し，棚卸資産の減少額50百万円と買掛金の増加額100百万円は加算します。これらの項目は，損益計算書における税引前当期純利益の計算には関係しませんが，資金の収入・支出は生じているため，税引前当期純利益に加減算して調整する必要があります。

　売掛金が期首よりも減少した場合，その分だけ売掛金の回収によりキャッシュが増加しているため，税引前当期純利益に加算され，売掛金が期首よりも増加した場合には，税引前当期純利益から減算されます。棚卸資産が期首よりも増加した場合，その分だけ棚卸資産の購入によりキャッシュが減少しているため，税引前当期純利益から減算されます。棚卸資産が期首よりも減少した場合，税引前当期純利益に加算されます。また，買掛金が期首よりも減少した場合，その分だけ買掛金の支払いによりキャッシュが減少しているため，税引前当期純利益から減算します。買掛金が期首よりも増加した場合，税引前当期純利益に加算されます。

　営業活動に係る資産および負債の増減額には，図表4-15のようなものがあります。

貸借対照表の項目			キャッシュ・フロー計算書	
			税引前当期純利益	
資産	売掛金	増加	−	減算
		減少	加算	−
	棚卸資産	増加	−	減算
		減少	加算	−
負債	買掛金	増加	加算	−
		減少	−	減算

⑤　小　計

　ここまでの調整により，本業としての営業活動による現金及び現金同等物の増減額である小計（図表4-12の（E））が表示されます。この小計の金額はおおむね，損益計算書の営業利益に対応するキャッシュ・フローを示していると考えられます。

⑥　投資活動および財務活動以外の活動による現金及び現金同等物の増減額

　小計の下には，投資活動および財務活動以外の活動による現金及び現金同等物の増減額（図表4-12の（F））が表示され，最終的に，営業活動によるキャッシュ・フロー（G）が表示されます。これに該当する項目は，この設例では法人税等の支払額のみです。法人税等の支払額150百万円を税引前当期純利益から減算します。

　以上の調整にもとづいて営業活動によるキャッシュ・フローの区分を表示すると，図表4-16のようになります。

（金額：百万円）

営業活動によるキャッシュ・フロー	
税引前当期純利益	300
減価償却費	100
有価証券売却損	10
売上債権の増加額	△150
棚卸資産の減少額	50
仕入債務の増加額	100
小計	410
法人税等の支払額	△150
営業活動によるキャッシュ・フロー	260

2　投資活動によるキャッシュ・フロー

　投資活動とは，企業の営業能力を維持・拡張するための設備投資，資金運用を目的とした金融商品への投資，第三者に対する融資に関連する諸活動を意味します。投資は，現在の事業活動の維持と将来の利益獲得のために必要な活動です。

　この区分には，たとえば図表 4 -17のような項目が記載されます。

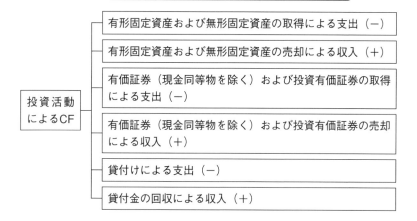

図表 4 -17　投資活動によるキャッシュ・フローの内容

投資活動
によるCF

- 有形固定資産および無形固定資産の取得による支出（−）
- 有形固定資産および無形固定資産の売却による収入（＋）
- 有価証券（現金同等物を除く）および投資有価証券の取得による支出（−）
- 有価証券（現金同等物を除く）および投資有価証券の売却による収入（＋）
- 貸付けによる支出（−）
- 貸付金の回収による収入（＋）

　投資活動によるキャッシュ・フローの区分の情報により，将来の利益やキャッシュ・フローを生み出すための投資は十分か，資産売却の内容や価額は適切かなどについて知ることができます。

　たとえば，現在の事業活動を維持するために設備の充実や修繕を行ったり，新しい事業を開拓するために有形固定資産や無形固定資産を購入したりした場合には，投資活動によるキャッシュ・フローはマイナスになります。一方で，手許の資金を確保するために保有している土地や有価証券を売却することもあるでしょう。この場合には投資活動によるキャッシュ・フローはプラスになります。

❸ 財務活動によるキャッシュ・フロー

　財務活動とは，企業経営に必要な資金調達（借入れ，社債発行，株式発行）や，株主に対する配当金の分配に関連する諸活動を意味します。

　この区分には，たとえば図表 4 -18のような項目が記載されます。

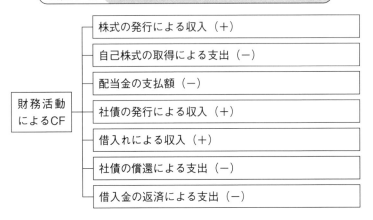

図表 4-18　財務活動によるキャッシュ・フローの内容

株式の発行による収入（＋）

自己株式の取得による支出（－）

配当金の支払額（－）

財務活動によるCF

社債の発行による収入（＋）

借入れによる収入（＋）

社債の償還による支出（－）

借入金の返済による支出（－）

　たとえば，自社株を買い戻したり，株主に配当を支払ったり，借入金を返済したりした場合には，財務活動によるキャッシュ・フローはマイナスになります。株式や社債の発行，銀行からの借入れなどで資金調達をすれば，財務活動によるキャッシュ・フローはプラスになります。

　財務活動によるキャッシュ・フローの区分の情報により，営業活動と投資活動によって生じた資金の過不足がどのように調整されたか（追加借入，借入金返済，増資など）を知ることができます。

例題 4-5

次の(a)～(e)に入る数値を選び，キャッシュ・フロー計算書を完成させなさい。同じ選択肢を何度使ってもよい。△はマイナスを意味する。

Ⅰ　営業活動によるキャッシュ・フロー	
1．営業活動からの収入	500
2．営業活動への支出	△250
営業活動によるキャッシュ・フロー	（　a　）
Ⅱ　投資活動によるキャッシュ・フロー	
1．投資活動からの収入	（　b　）
2．投資活動への支出	△350
投資活動によるキャッシュ・フロー	△200
Ⅲ　財務活動によるキャッシュ・フロー	
1．財務活動からの収入	（　c　）
2．財務活動への支出	△200
財務活動によるキャッシュ・フロー	100
Ⅳ　現金及び現金同等物の増減額	（　d　）
Ⅴ　現金及び現金同等物の期首残高	（　e　）
Ⅵ　現金及び現金同等物の期末残高	500

（選択肢）　① 100　　② 150　　③ 250　　④ 300
　　　　　　⑤ 350

解答

a. ③　　b. ②　　c. ④　　d. ②　　e. ⑤

解説

図表 4-8 参照。

例題 4-6

キャッシュ・フロー計算書に関する次の文章のうち，正しいものの組み合わせを選びなさい。

ア．営業活動によるキャッシュ・フローの区分の表示方法には，直接法と間接法という2つの方法がある。

イ．営業活動によるキャッシュ・フローの区分を直接法で表示している場合と間接法で表示している場合とでは，投資活動によるキャッシュ・フローの区分と財務活動によるキャッシュ・フローの区分の表示は異なる。

ウ．間接法とは，損益計算書の税引前当期純利益にいくつかの調整項目を加減して営業活動によるキャッシュ・フローを表示する方法である。

エ．投資活動とは，企業経営に必要な資金調達（借入れ，社債発行，株式発行）や，株主に対する配当金の分配に関連する諸活動を意味する。

オ．財務活動とは，企業の営業能力を維持・拡張するための設備投資，資金運用を目的とした金融商品への投資，第三者に対する融資に関連する諸活動を意味する。

（選択肢）	① アイ	② アウ	③ イエ	④ ウエ
	⑤ エオ			

解答

②

イ．営業活動によるキャッシュ・フローの区分の表示方法が直接法であっても間接法であっても，投資活動によるキャッシュ・フローの区分と財務活動によるキャッシュ・フローの区分の表示は同じである。

エ．財務活動に関する説明。

オ．投資活動に関する説明。

例題 4 - 7

次の項目のうち，間接法による営業活動によるキャッシュ・フローの区分の表示にあたって，税引前当期純利益に加算されるものを選びなさい。

ア．減価償却費

イ．売上債権の増加額

ウ．仕入債務の減少額

エ．有価証券の売却による収入

オ．棚卸資産の増加額

（選択肢）　①　ア　　②　イ　　③　ウ　　④　エ　　⑤　オ

解答

①

解説

イ，ウ，オは，税引前当期純利益から減算する項目である。エは，投資活動によるキャッシュ・フローの区分に記載される項目である。

4 キャッシュ・フローの増減パターン

　第3節で説明したとおり，キャッシュ・フロー計算書では，キャッシュ・フロー（キャッシュの増減）は営業活動，投資活動および財務活動に区分して計算されます。キャッシュ・フロー計算書を読み解く基本は，これら3つの活動別キャッシュ・フローの増減をみることによって，キャッシュ・フローがどの活動から生み出され，どの活動に使用されているのかを明らかにすることです。

　企業の活動別キャッシュ・フローの増減パターンは，図表4-19の8つです。

図表4-19　活動別キャッシュ・フローの増減パターン

活動	①	②	③	④	⑤	⑥	⑦	⑧
営業	＋	＋	＋	＋	－	－	－	－
投資	＋	－	＋	－	＋	－	＋	－
財務	＋	－	－	＋	＋	＋	－	－

　3つの活動別キャッシュ・フローのうちもっとも注目しなければならないのは，営業活動によるキャッシュ・フローです。これがプラスの場合には，外部からの資金調達に依存することなく，営業能力を維持し，新規投資を行い，借入金を返済し，配当金を支払うための余剰資金が生み出されたことを意味します。営業活動によるキャッシュ・フローがマイナスの場合には，その穴埋めのために，すでに行っている投資を中止したり，外部から新たに資金を調達したりしなければ，キャッシュの残高が減少し，資金繰りが行き詰まる可能性が高くなります。

　図表4-19の①～⑧のパターンは，一般的に図表4-20のように解釈す

①　営業活動＋　投資活動＋　財務活動＋
すべての活動がキャッシュを生み出しており，資金残高が積み上がっています。営業活動によりキャッシュを生み出し，財務活動を通じて資金を調達しているにもかかわらず，投資活動に資金を投入するのではなく回収（たとえば保有資産の売却）を進めています。事業の転換を図っている企業にみられるパターンです。

②　営業活動＋　投資活動－　財務活動－
営業活動により生み出したキャッシュを，会社の将来の事業のために投資する（投資活動）とともに，借入金などの返済や配当の支払い（財務活動）などに充てています。健全なキャッシュの増減パターンです。

③　営業活動＋　投資活動＋　財務活動－
営業活動により生み出したキャッシュと，土地，設備，有価証券などの保有資産の売却（投資活動）により回収したキャッシュを，借入金の返済（財務活動）などに充てています。負債を減らし財務体質の改善に取り組んでいるパターンです。

④　営業活動＋　投資活動－　財務活動＋
営業活動により生み出したキャッシュ以上の投資を行うために，銀行借入れや社債の発行などの財務活動によりキャッシュを調達しています。これも健全なキャッシュの増減パターンで，積極的な投資を行っています。

⑤　営業活動－　投資活動＋　財務活動＋
営業活動によるキャッシュ・フローのマイナスを，保有資産の売却などによって回収したキャッシュや財務活動を通じて調達したキャッシュで補っています。この状況が続くと，営業活動の規模が縮小し，財務活動により調達したキャッシュに対する利息や配当の支払い負担が重くなったり，借入金の返済に支障が生じたりするかもしれません。

⑥　営業活動－　投資活動－　財務活動＋
営業活動によるキャッシュ・フローはマイナスであるが，財務活動を通じて資金を調達し，投資活動に現金を投入しています。財務活動により調達したキャッシュには利息・配当の支払いや元本の返済が伴うので，この状況が続くのは望ましくありません。将来，投資活動の成果としてキャッシュ・インフローを得られるかどうかが分かれ目です。

⑦　営業活動－　投資活動＋　財務活動－
営業活動によるキャッシュ・フローはマイナスであるが，保有資産の売却などにより現金を回収し，資金の返済などに充てています。銀行からの借入れができなくなっている可能性があります。この状況が続くと営業活動の規模が縮小し，キャッシュ・フローの状況はさらに悪化します。
⑧　営業活動－　投資活動－　財務活動－
すべての活動のキャッシュ・フローはマイナスであり，現金残高が減少しています。過去に蓄積したキャッシュで投資活動を行い，かつ借入金の返済も行っているパターンです。将来，投資活動の成果としてキャッシュ・インフローを得られるかどうかが分かれ目です。

ることができます。

　企業のキャッシュ・フローの状況を適切に評価するためには，増減パターンが示す一般的な状況を念頭に置きつつ，営業，投資，財務という活動ごとのキャッシュ・フローの大きさ（金額）とその内訳項目に着目して原因分析を行うことが必要です。また，１期間の数値だけでは十分な分析はできません。分析にあたっては，複数の期間にわたって数値の推移を見ることも重要です。さらに，損益計算書との関係（利益との関係）にも注目してください。

　以下に示すＡ社，Ｂ社，Ｃ社の活動別キャッシュ・フローの組み合わせについて，設問に答えなさい。

活動	A社	B社	C社
営業	＋	＋	＋
投資	－	－	＋
財務	－	＋	－

設問1　３社それぞれのキャッシュ・フローの状況に当てはまる文章を選びなさい。

　　ア．営業活動により生み出したキャッシュと，銀行借入れや社債の発行などの財務活動により調達したキャッシュを，投資活動に支出している。

　　イ．営業活動により生み出したキャッシュを，会社の将来の事業のために投資するとともに，借入金などの返済などにあてている。

　　ウ．営業活動により生み出したキャッシュと，土地，設備，有価証券などの保有資産の売却により回収したキャッシュを，借入金の返済などにあてている。

設問2　この３社を比較して，もっとも積極的に投資を行っていると判断できるのはどの会社ですか。

設問3　この３社を比較して，事業活動の縮小が見込まれるのはどの会社ですか。

設問1　A社：イ　　B社：ア　　C社：ウ

設問2　判定できない（A社，B社ともに投資活動によるキャッシュ・フローがマイナスであるが，どちらの投資額が多いかは不明であるため）。

設問3　C社（投資活動によるキャッシュ・フローがプラスであるため）

解説

　設問2をより適切に判断するためには，各活動区分のキャッシュ・フローの増減だけでなく，各活動区分を構成する項目の性質や金額を確認する必要がある。

財務諸表分析

学習のポイント

　前章までで，開示されている財務諸表に関する基本的な会計ルールや計算書の表示内容を学びました。そこで本章では財務諸表の利用や解釈について学びます。この領域は財務諸表分析と呼ばれます。本章では企業の外部者の立場から，まず(1)誰がどのような情報をどのように分析するのか，(2)分析結果をどのように解釈し，判断するのかについて学びます。

　その上で，(3)実際の分析方法や指標の学習に移ります。①基本分析となる貸借対照表の資産合計や損益計算書の売上高を基礎として項目をパーセント（百分比）で表して比較可能性を持たせる指標，②成長性の分析と呼ばれる財務諸表数値の対前年度比率や伸び率（増減率）など，期間的な推移を見るための指標，③安全性の分析と呼ばれる貸借対照表の資産と負債のバランスから短期的な支払能力を判定する指標と，負債と純資産の構成から長期的な財務の安定性を見るための指標について学びます。さらに④キャッシュ・フロー情報の利用に触れます。そして，⑤収益性の分析と呼ばれる企業の根本命題である資本を投下して利益を稼ぐ能力についての指標を学びます。あわせて，⑥株価の高低についての投資者の見込みを判断するための１株当たり分析や分配の指標，⑦生産性や労働効率を判定するための従業員１人当たり分析を学びます。

　これらを通じて，企業の全般的な状況を把握するための基本的な指標を体系的に学ぶことができます。

第1節　財務諸表を読んでみよう

　前章までで，図表1-3（p. 5）で示した会計の2つの基本プロセスの
うち，「財務諸表の作成」に関連する会計ルールおよび財務諸表の体系
や個々の計算書の計算構造や構成要素ならびに様式について学んできま
した。作成の技術的な手順は基本的に簿記と呼ばれるシステムを通じて
行われますが，ビジネス会計検定は簿記そのものを対象とするものでは
ありません。ただし，簿記上で勘定科目と呼ばれる各計算書の構成項目
に関する知識は，財務諸表の利用に際しても有用です。そのため，前章
までで構成項目についても解説しています。作成された財務諸表がどの
ような様式の外観をしており，どのような項目で構成されているかとい
う情報の表示についての理解は，「財務諸表の利用」の前提になります。
ビジネス会計検定のねらいは，財務諸表を「読むこと」を通じて，企業
の実態を解釈し，判断することにあります。

　ある自動車メーカーが大きな黒字を出しているのに対し，ある電機
メーカーは大きな赤字を出し，対極的な様相を呈したりします。黒字や
赤字は利益や損失，つまり損益を意味しますが，損益は金庫の中にある
のではありません。これらは損益計算書で表示された数値を意味します。
また，借入れに依存した体質の会社もあれば，依存せず自己資金で運営
している会社もあります。この点は貸借対照表に現れます。資金の状況
や返済能力はキャッシュ・フロー計算書や貸借対照表に現れます。

　このように財務諸表は企業活動の状況を会計ルールを通じて映し出す
情報であり，健康診断の際の各種の検査結果の数値に該当します。人間
の身体の健康診断では，結果の数値と基準数値を対比して，健康状態を
判断します。財務諸表は企業活動の結果を表示しており，それを読むこ

とによって，企業の各種の状況を判断するのが，会計のもう1つのプロセスである「財務諸表の利用」です。

　財務諸表の利用に際しては，比較のための指標を導いて，基準値や平均値，あるいは他社の数値と対比して優劣の判断をしたり，期間的な推移を見て，状況の変化についての判断をしたりします。このような一連の指標を導く方法やそれによる財務諸表の読解のプロセスを**財務諸表分析**といいます。以下で，基盤となる指標や方法を学んで，財務諸表から企業の状況を読んでみましょう。

第2節　財務諸表分析の関係者と対象情報

① 内部分析と外部分析

　財務諸表分析にあたっては，分析対象の財務諸表を入手する必要があります。企業の内部者，つまり経営者や管理者が自社を分析する場合，外部者よりも各種の情報は利用しやすい環境にあります。このような内部者による企業内部の情報を利用した分析を**内部分析**といいます。ただし，企業秘密にかかわる情報は，経営トップなどのごく限られた者にしか入手できないように，内部分析であっても，企業内の階層に応じて利用できる情報は異なります。

　これに対して，企業の外部の関係者，すなわち，企業内の人間ではない第三者の場合には，入手できる情報には制約があります。このような外部者による分析を**外部分析**といいます。外部者にも証券アナリストや取引のある金融機関などのように，当該企業に対して情報提供を要求できる立場の関係者もいます。それでもなお入手できる情報には制約があ

ります。したがって，外部分析の場合に利用できる情報は，第1章第3節と第4節（pp. 6-11）で述べた金融商品取引法や会社法という法令や証券取引所の要請によって開示を求められている情報，あるいはメディアの報道によって入手できる情報が基本となります。

　内部分析と外部分析を簡潔に要約すると，図表5-1のように整理できます。ビジネス会計検定試験3級では，このうち外部分析を中心に扱います。

図表5-1　内部分析と外部分析

	内部分析	外部分析
分析主体	企業内部者	第三者
利用できる情報	多様な情報	公開されている情報
分析目的	当該企業の経営管理に関する判断	当該企業との関係締結・評価に関する判断

例題5-1

　次の(a)と(b)に入る選択肢を選びなさい。
　企業の内部関係者であっても，分析に際して入手できる情報が公表されている情報に限られる場合には（　a　）分析に該当するが，その際に判断のよりどころとして公開されていない情報を加えて分析を行う場合には（　b　）分析に該当する。

（選択肢）　①　内部　　②　外部

(a)　②　　(b)　①

　図表5‐1参照。企業の内部関係者であっても，入手できる情報が公開されている情報で，それ以外に情報がない場合には分析の当事者としては第三者と同様と位置づけられ，外部分析に該当する。内部者にしか入手できない情報を用いた場合には，内部分析に該当する。

例題5‐2

　次のうち外部分析にあたるものは①を，内部分析にあたるものは②を選びなさい。

ア．投資者が一般に公開された情報を用いて分析を行う。

イ．経営者が経営管理のために設備投資の可否についての分析結果を用いる。

ウ．金融機関が融資審査のために企業から提出された資料を分析する。

　ア．①　　イ．②　　ウ．①

　図表5‐1参照。ウ．は情報の性格からすると公開情報だけではないかもしれないが，分析主体が内部者ではなく，第三者に対して提供されている情報であるという観点から外部分析に該当する。

第5章
財務諸表分析

② 定量情報と定性情報

　分析の対象とされる企業情報には，**定量情報**，すなわち数値として表現できる量的な情報と，**定性情報**，すなわち数値では表現しにくいため文章で表現される質的な情報とがあります。このうち，財務諸表分析の主対象になるのは定量情報であり，とくに財務諸表は金額値で統括された定量情報です。両者の相違は図表5-2のように要約できます。

図表5-2　定量情報と定性情報

情報の表現手段	定量情報 数　値	定性情報 文　章
代表的な情報例	・財務諸表 ・販売数量 ・販売シェア ・生産数量 ・従業員数 ・株価	・経営者の資質 ・従業員の熟練度 ・業界での優劣 ・技術力 ・規制の有無

　実際には区分が曖昧な事項もあります。例えば，業界における地位というような場合，一般には優劣という観点からは定性情報になりますが，もし順位となると定量情報に該当します。数値表現は金額のように［1円＋2円＝3円］が成立するものと，順位の1番目，2番目のように［1番＋2番＝3番］が成立しないものがあり，通常は前者が意識されますが，数値で表現される場合には後者も定量情報になります。

　財務諸表分析にあたって，企業情報の解釈を充実したものにするためには，分析対象企業についてできるだけ詳しく知っておくことが望まれます。そのためには，公表された財務諸表などの定量情報だけではなく，

数値では表しにくい企業の独自性，業種の状況や経済的な与件などに関する定性情報をあわせて入手することも重要となります。

図表5-2に示したように，たとえば，分析対象企業の経営者や従業員の資質・能力・技量・熟練度，業界での優劣，技術的な優位性，活動を制約する規制の有無など，当該企業の独自性や今後の方向性に関する情報は定性情報と考えられます。これらの情報があれば解釈の深みが増します。企業の開示情報には定性情報も含まれています。

とはいえ，数値では表しにくい定性的な事項の影響も，ある程度は財務諸表の数値に反映されていると考えることができますから，財務諸表分析は企業状況判断のもっとも重要な手段の1つとなります。

ただし，財務諸表それ自体は将来を予測した情報ではないことに留意しておく必要があります。基本的に貸借対照表は終了した事業年度末の財政状態を表し，損益計算書は終了した事業年度の経営成績を表しますから，現在から将来についての状況を表すものではありません。この点は財務諸表そのものの限界ではありますが，だからといって財務諸表分析は無用ではありません。近年，時価情報の一環として，将来のキャッシュ・フローを想定した情報が貸借対照表に盛り込まれるなど，将来を見込んだ情報への変化が会計情報に見られるようになってきています。また，貸借対照表の項目には，将来の受け取りや支払いに関する情報が含まれています。受取手形，電子記録債権，売掛金や貸付金のような資産は，将来の収入が見込める債権ですし，支払手形，電子記録債務，買掛金や借入金のような負債は，将来の返済義務としての債務を示しています。したがって，資産や負債の情報には，将来にかかわる情報が含まれており，制約はあるものの将来の判断のためにも役立ちます。

次の文章が正しければ①を，誤っていれば②を選びなさい。

ア．定性情報も数値で表現される情報である。

イ．従業員の熟練度は定量情報である。

ウ．業界での地位のうち，売上高の順位は定量情報である。

エ．財務諸表は将来の予測数値に関する情報である。

解答

　　ア．②　　イ．②　　ウ．①　　エ．②

解説

図表 5 - 2 参照。

ア．数値で表現できない情報が定性情報である。

イ．従業員の熟練度は数値化できるかもしれないから，もし熟練度を数値
　　表現できれば①に該当することも考えうるが，一般的には数値化は困難
　　であり，定性情報とするのが適当な情報である。このように，切り分け
　　それ自体が解釈に依存する事例も存在する。

ウ．売上高の順位は，数値で何位と表現されるから定量情報になる。

エ．財務諸表は終了した事業年度および事業年度末についての情報である。

第 3 節　財務諸表分析の基本体系

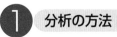　分析の方法：比率分析と実数分析

　財務諸表分析の基本的な方法には比率分析と実数分析があります。こ

れらは分析指標の計算方法による区分です。比率分析は，たとえば財務諸表の数値Aを数値Bで割って，結果としてのA／Bを主にパーセントで表す方法であり，伝統的分析においてもっとも多く用いられる方法です。これに対して実数分析は，差額の計算や単位の異なる数値の割り算による計算のように，結果がパーセントではなく，実数，たとえば金額値で表される方法をいいます。代表的なものに1株当たり分析や1人当たり分析があります。

例題 5 − 4

次の(a)と(b)に入る選択肢を選びなさい。

ア．貸借対照表の流動資産を流動負債で割った値を流動比率といい，通常，パーセントで表現するが，これは（　a　）分析の指標にあたる。

イ．売上高を従業員数で割った値を1人当たり売上高といい，通常，金額で表現するが，これは（　b　）分析の指標にあたる。

（選択肢）　①　比率　　②　実数

解答

a．①　b．②

解説

第3節❶参照。なお，流動比率と1人当たり売上高については後述する。

❷ 分析の対象：単表分析と複表分析

　分析指標の計算方法による区分とは別に，分析の対象に応じた区分も考えられます。**単表分析**と**複表分析**です。

　まず，単表分析は財務諸表のうち単一の計算書，なおかつ単一期間の計算書を分析対象とする方法です。たとえば単一年度末の貸借対照表の分析や単一年度の損益計算書の分析が単表分析に該当します。この代表例が後に説明する**構成比率分析・百分比分析**です。

　これに対して複表分析は，文字どおり複数の計算書の数値を組み合わせて分析する方法であり，さらに**単期分析**と**複期分析**とに区分できます。このうち単期分析は単一の期間の複数の計算書の数値を組み合わせて分析するものであり，たとえば貸借対照表の数値と損益計算書の数値の組み合わせによる分析があります。後で取り扱う資本利益率分析は単期分析の代表例です。複期分析は，複数の期間の計算書の数値を組み合わせて分析するものです。たとえば複数年度末の貸借対照表や複数期間の損益計算書の数値の時系列での変化を見る伸び率（増減率）が複期分析にあたります。

第4節　分析結果の判断のための基準
―会社を比較するには

　財務諸表分析は，パーセントによる比率の算定や数値の加減の計算を通じて得られた分析値を指標として各種の判断に用います。したがって，計算は手段であってそれ自体が目的ではありません。得られた指標を解釈して，企業の状況を判断することが課題となります。それでは，どの

ように指標の良否を判断したらよいのでしょうか。

　たとえば，後に安全性の分析で説明する流動比率は，財務諸表分析の歴史においてもっとも古くから定着した指標であるといわれていますが，開発の当初は「2対1」，すなわち200％が良否の判定基準とされていました。必ずしも証明された根拠があったわけではありませんが，経験的に，200％を上回っていれば良い，下回っていれば悪いと判断したのです。この200％のような固定的な特定の判断基準を**絶対基準**と呼びます。

　ところが現在では，わが国において200％を上回っている会社は多くありません。200％を下回っていても問題がない事例が多いのです。そのため，現状では絶対基準を良否の判断基準として適用できる指標はないといえます。そこで，固定的な絶対基準が存在しない状況での判断基準として用いられるのが**相対基準**です。相対基準とは比較基準のことをいいます。つまり，何らかの比較対象値を指標の判断にあたっての標準値あるいは基準値とし，それと比べて分析指標の良否を判断します。かつての絶対基準も基準値としての意味はありましたが，固定的すなわち絶対的で，判断は楽ですが，企業が置かれた与件や実情の変化には対応していませんでした。相対基準はさまざまな状況に応じて基準値が変化します。業種，規模などに応じて企業の財務状況は異なりますし，景気変動の影響も受けます。したがって，現在では基準値それ自体が固定的ではないため，実情を反映した相対基準による比較判断が行われることになります。

　比較の方法には，以下のようなものが考えられます。

 標準指標との比較

　標準指標との比較は，各種の機関が公表している業種別，産業別指標

などを基準値として，それとの比較で分析対象企業の指標の良否を判断する方法です。わが国において，定期的に公表されている標準指標の代表例については，本章第13節で改めて述べることにします。

標準指標との比較による判断は，あくまでも平均的な値と比べての良否の判断になります。標準値あるいは平均値より良い，悪いという判断です。平均値そのものも景気の変動などの影響を受けて変化します。各種の分析指標に関する標準指標は平均値などを年度あるいは四半期ごとに算定して公表しているものですから，固定的な不変の基準ではなく，それ自体が，そのつど変化する相対基準です。時々に応じた適時性のある指標を利用することが重要です。

 他社指標との比較

他社指標との比較は，他社の財務諸表を分析した数値を基準として比較し，分析対象企業の指標の良否を判断する方法です。この方法を選択する際には，次のような点に留意しなければなりません。まず，比較対象となる他社の状況を理解している必要があります。この理解なしに他社比較を行っても，両社だけの間での指標の優劣の判断は可能であるかもしれません。しかし，求められた数値が本当に良いのか悪いのかは判断できません。なぜならば，両社とも良い，あるいは両社とも悪いということがありうるからです。

また，通常，各種の指標は業種や規模によって異なりますから，他社比較を行うためには，他社の状況の理解のほかに，可能な限り，同業種，同規模の企業を比較対象とする必要があります。

3 指標の期間（時系列）比較

　期間比較は，1つの会社について，数期間にわたっていくつかの指標を算定し，指標の年度間の推移を比較して，改善傾向にあるか悪化傾向にあるかを判断する方法です。**時系列比較，趨勢比較**とも呼ばれます。この方法は簡便であり，将来の方向性の展望などについての有効性もある程度は見込めます。ただし，あくまでも個別の企業の分析であり，業界での地位や現状に関しては他社比較と同様の問題が生じますから，例えば標準指標との比較で良否や置かれている地位を確認して，あわせて他社指標との比較によって補完することが望ましいといえます。

　いずれにせよ，指標の解釈に当たっては，これら各種の比較方法を組み合わせて検討することが重要です。

例題 5-5

　次の文章が正しければ①を，誤っていれば②を選びなさい。

ア．分析した結果はあらかじめ定まった絶対基準と比較して判断するのがよい。

イ．分析指標を他社と比較すれば業界における良否の判断はできる。

ウ．同一企業のある指標を期間比較して，指標の数値が好転していれば，その指標が示す内容に関しては好転していると判断できる。

解答

　　ア．②　　イ．②　　ウ．①

ア．現在では絶対基準と呼べる指標基準はない。

イ．確かに当該他社に比べて良い，悪いは判断できるが，置かれている業種や産業において良いか悪いかは判断できない。

ウ．期間比較だけでは置かれている業種などにおける状況は判断できないが，趨勢的に良くなっているか悪くなっているかの判断は可能である。

第5節　基本分析：百分比財務諸表分析　―財務諸表をパーセントで表す

　財務諸表は，一見したところ数値の羅列であり，比較可能性に乏しいものです。そこで，もっとも基礎的な分析指標を得られるのが**百分比財務諸表分析**です。これは貸借対照表および損益計算書について，特定の項目を基礎（100％）として，各項目の割合をパーセントで表示し，比較できるようにするものです。

　分析に当たっては，財務諸表の原本をそのまま使うことも可能ですが，基本的な項目を整理した要約財務諸表を用いると，骨子となる事項が明確になります。そこで以下では，本テキストを通じて説明されている財務諸表の諸項目のX4年度（X4年4月1日～X5年3月31日）について，第2章の図表2-3の貸借対照表，第3章の図表3-2の損益計算書の主要項目を取り上げ，主要項目以外をその他として合算した要約を図表5-3の貸借対照表および図表5-4の損益計算書として再掲し，これらを分析の事例に用いることにします。

　なお，ここでの事例は，メーカー（製造業）の財務諸表です。

貸 借 対 照 表

X5年3月31日　　　　　　　　（単位：百万円）

（資産の部）			（負債の部）		
流動資産		12,538	流動負債		7,219
現金及び預金	2,619		仕入債務	2,950	
売上債権	5,554		その他	4,268	
有価証券	1,500		固定負債		774
棚卸資産	2,799		負債合計		7,993
その他	66		（純資産の部）		
固定資産		11,141	株主資本		14,561
有形固定資産	7,493		資本金	3,737	
無形固定資産	148		資本剰余金	3,921	
投資その他の資産	3,498		利益剰余金	7,271	
繰延資産		1	自己株式	△369	
			評価・換算差額等		1,125
			純資産合計		15,686
資産合計		23,680	負債純資産合計		23,680

　貸借対照表において，受取手形，電子記録債権と売掛金の合計額を**売上債権**（あるいは**売掛債権，受取債権**）と呼びます。これは商品，製品など，主たる販売品目についての代金の未回収額の総額のことです。未回収額からは貸倒れに備えた貸倒引当金が差し引かれます。また，支払手形，電子記録債務と買掛金の合計額を**仕入債務**（あるいは**買掛債務，支払債務**）と呼びます。図表5-3の貸借対照表の要約では，それぞれ一括して売上債権と仕入債務という用語を用いて集約しています。

損　益　計　算　書
自　Ｘ４年４月１日
至　Ｘ５年３月31日

（単位：百万円）

売 上 高	29,600
売上原価	15,083
売上総利益	14,517
販売費及び一般管理費	12,112
営業利益	2,405
営業外収益	103
営業外費用	36
経常利益	2,472
特別利益	78
特別損失	34
税引前当期純利益	2,516
法人税等合計	860
当期純利益	1,656

　損益計算書の要約については，第３章の図表３‐４で示された５つの利益の計算にかかわる収益と費用の要素を抽出しています。

貸借対照表構成比率（百分比貸借対照表）
―貸借対照表を比較しよう

　貸借対照表項目のパーセント表示は，一般に**貸借対照表構成比率**と呼ばれます。これは貸借対照表の各項目の金額を資産合計または負債純資産合計の金額で割って，百分比（パーセント）で表現するものであり，**百分比貸借対照表**と呼ぶこともできます。資産合計または負債純資産合計を基礎（100％）とした各項目のパーセントによって，多様な企業や年度間の財政状態の比較が可能となります。資産合計と負債純資産合計とは同じ金額ですから，基礎となる貸借対照表のベースの金額は同じです。これを図表にして説明すると図表5-5のようになります。

図表5-5　貸借対照表構成比率の計算構造

資産合計を100％とし，各項目が何パーセントかを計算する

負債純資産合計を100％とし，各項目が何パーセントかを計算する

資産合計で100％＝負債純資産合計で100％
資産合計と負債純資産合計とは同じ金額

　式で表すと次のようになります。

$$（各項目の構成比率）\quad \frac{貸借対照表の各項目の金額}{資産合計（または負債純資産合計）} \times 100（\%）$$

そして図表5-3の事例から各項目の貸借対照表構成比率を計算すると，図表5-6のようになります。ここでは要約項目のみを取り上げていますが，細目についても同様の計算は可能です。

図表 5 - 6　　貸借対照表構成比率

(%)

(資産の部)			(負債の部)		
流動資産		52.9	流動負債		30.5
現金及び預金	11.1		仕入債務	12.5	
売上債権	23.5		その他	18.0	
有価証券	6.3		固定負債		3.3
棚卸資産	11.8		負債合計		33.8
その他	0.3		(純資産の部)		
固定資産		47.0	株主資本		61.5
有形固定資産	31.6		資本金	15.8	
無形固定資産	0.6		資本剰余金	16.6	
投資その他の資産	14.8		利益剰余金	30.7	
繰延資産		0.0	自己株式	△1.6	
			評価・換算差額等		4.8
			純資産合計		66.2
資産合計		100.0	負債純資産合計		100.0

　たとえば流動資産構成比率あるいは流動資産構成比，つまり，資産合計に占める流動資産の割合（52.9％）は以下の計算になります。×100はパーセントへの置き換えを意味します。パーセントは小数点以下第2位を四捨五入しています（特定の指標を除き，以下同様）。

$$（流動資産構成比率）\quad \frac{12,538}{23,680} \times 100 = 52.9（\%）$$

　分母は資産合計でも負債純資産合計でも同じ金額です。他の項目についても，分子に各項目の金額を入れて同様の計算を行います。

ここでは，計算上，各項目ごとに小数点以下第2位を四捨五入しているので，数字の整合性に丸め誤差（合計値の誤差）がありますが，分析上は，解釈に大きな影響を及ぼすものではなく，問題ありません。

　ここから貸借対照表の大枠での構成が把握できます。まず資産については，流動資産が約53％，固定資産が約47％で，その中でも有形固定資産が約32％を占めていることがわかります。この事例はメーカー（製造業）の財務諸表ですから，固定資産の中の製造関連の建物，土地や機械装置という設備投資に該当する資産が大きいことがわかります。

　また，未回収の売上債権が相当額あることもわかりますし，未払いの仕入債務の割合と比べて売上債権の割合が大きいこともわかります。

　わが国の場合，余剰資金の長期運用である投資その他の資産を除く，流動資産と固定資産の構成割合は，流動資産が70％から60％，固定資産が30％から40％というのが一般的です。商業は商品の在庫等の棚卸資産が流動資産の多くを占め，製造業は設備投資などの固定資産が多くなる傾向があるのですが，製造業でも製品や仕掛品，原材料等の棚卸資産は抱えており，実際には商業と製造業で構成比率に大きな差があるとは限りません。

例題 5 – 6

次の(a)から(g)に入る選択肢を選びなさい。

資産合計が4,000百万円のとき，貸借対照表構成比率を計算したところ，流動資産は40％であり，繰延資産はなかった。また，流動負債は1,200百万円であり，固定負債の構成比率は50％であった。

このとき流動資産，固定資産および固定負債の金額はそれぞれ（　a　）百万円，（　b　）百万円および（　c　）百万円であり，流動負債および純資産の構成比率はそれぞれ（　d　）％および（　e　）％である。また，負債純資産合計は（　f　）百万円，その構成比率は（　g　）％である。

（選択肢）　① 20　　② 30　　③ 50　　④ 100　　⑤ 800
　　　　　　⑥ 1,600　　⑦ 2,000　　⑧ 2,400　　⑨ 4,000

解答

a．⑥　　b．⑧　　c．⑦　　d．③　　e．①　　f．⑨

g．④

解説

次のような貸借対照表になる。資産合計と負債純資産合計は同じ金額である。

貸借対照表

(単位：百万円)

流動資産		流動負債	
	1,600		1,200
	40%		30%
		固定負債	
固定資産			2,000
	2,400		50%
	60%		
		純 資 産	800
			20%
資産合計		負債純資産合計	
	4,000		4,000
	100%		100%

❷ 百分比損益計算書—損益計算書を比較しよう

　貸借対照表構成比率と同様に，損益計算書を比較可能にするために，**百分比損益計算書**が用いられます。これは**損益計算書百分比**とも呼ばれます。百分比損益計算書は，損益計算書の各項目の金額を売上高（売上収益あるいは営業収益）の金額で割って，百分比（パーセント）で表現するものです。この結果，売上高を100％とした各項目のパーセントによって，経営成績の比較が可能となります。

　実際には損益計算書における各項目の構造は図表5-7のようになります。この図表は，5つの利益の計算構造を端的に表現しています。売上高は営業収益であり，別に営業外収益と特別利益がありますから，全体を通じて100％ではありませんが，このうちの売上高を100％と置き換えたものが百分比損益計算書です。

図表5-7　百分比損益計算書の計算構造

売上高を100%とし，各項目が何パーセントかを計算する				この部分も売上高を基準とする	
売上高　100%				営業外収益	特別利益
売上原価	売上総利益			営業外収益	特別利益
売上原価	販売費及び一般管理費	営業利益		営業外収益	特別利益
売上原価	販売費及び一般管理費	営業外費用	経常利益		特別利益
売上原価	販売費及び一般管理費	営業外費用	特別損失	税引前当期純利益	
売上原価	販売費及び一般管理費	営業外費用	特別損失	法人税等合計	当期純利益

　式で表すと次のようになります。

$$（各項目の比率）\quad \frac{損益計算書の各項目の金額}{売上高} \times 100（\%）$$

　そこで図表5-4の事例から百分比損益計算書を作成すると，図表

5-8のようになります。

図表5-8　百分比損益計算書

（単位：%）

売 上 高	100.0
売上原価	51.0
売上総利益	49.0
販売費及び一般管理費	40.9
営業利益	8.1
営業外収益	0.3
営業外費用	0.1
経常利益	8.4
特別利益	0.3
特別損失	0.1
税引前当期純利益	8.5
法人税等合計	2.9
当期純利益	5.6

たとえば売上原価と営業利益の百分比の計算は次のようになります。

（売上高売上原価率）　$\dfrac{15,083}{29,600} \times 100 = 51.0(\%)$

（売上高営業利益率）　$\dfrac{2,405}{29,600} \times 100 = 8.1(\%)$

その他の各項目についても，すべて売上高の金額で割ってパーセントにします。

ここでも，計算上，小数点以下第2位を四捨五入しているので，数字の整合性に若干の誤差がありますが，分析上は問題ありません。

百分比損益計算書において，利益項目の比率を**売上高利益率**あるいは単に**利益率**といいます。たとえば事例の場合，売上総利益率（売上高売

上総利益率）は49.0％です。これは**粗利益率**とも呼ばれます。売上高100円について粗利益が49円生じていることになります。営業利益率（売上高営業利益率）は8.1％，経常利益率（売上高経常利益率）は8.4％，当期純利益率（売上高当期純利益率）は5.6％です。また，原価・費用項目についても同様に**売上高原価率・売上高費用率**あるいは単に**原価率・費用率**が計算できます。たとえば売上原価率（売上高売上原価率）は51.0％で，売上高100円当たり51円の売上原価（製造業の場合は製造原価，商業の場合は商品原価（仕入原価），サービス業の場合はサービス原価）がかかっていることになります。さらに販売経費や一般管理経費が40.9円かかった結果，本業のもうけである営業利益は売上高100円当たり8.1円であったことがわかります。

このような計算の仕組みから，利益率を高めるには，利益の源である売上高を伸ばすことがもちろん一番重要ですが，売上高の伸び以上に原価・費用というコストが伸びれば利益率は下落してしまうので，コストの管理を的確に行って，原価率・費用率を削減することも重要であることがわかります。

損益計算書においては5つの利益，すなわち売上総利益，営業利益，経常利益，税引前当期純利益，当期純利益が示されますが，それぞれの利益について，第3章で述べている損益計算書の各損益計算区分の利益の意味に応じた各利益率の指標の解釈が可能です。

わが国においては，経常利益が長年にわたって企業の業績を表す利益とされてきました。第2次大戦後の復興期から，当初は多くの企業が主に借入れに依存した資金調達を行いました。財務活動（資金調達）は製造・販売活動などの本業ではないものの，企業の継続に必要で，必然的に営業外の金融費用（支払利息）を伴いました。その後，大企業，とくに上場企業では株式の発行による資本市場からの資金調達が拡大し，ま

た，資金に余裕が出て，設備投資以外の投資などに振り向ける企業も増加し，余剰資金の投資活動（資金運用）で受取利息・受取配当金を得るようになりました。わが国の企業の場合，このような投資活動や財務活動が継続的に行われていて，営業外収益や費用が反復的・経常的に発生する場合が多いため，経常利益が業績利益とされてきたのです。したがって，全般的な業績の判断には伝統的に経常利益率が用いられてきています。

ところが，このような営業外の活動は，製造・販売活動の観点からは必ずしも中核事業ではありませんから，中核事業，すなわち本業のもうけの状況を判断する指標としての営業利益や営業利益率に着目することが重要になってきています。

例題 5 - 7

次の(a)から(e)に入る選択肢を選びなさい。

ア．売上高が2,000百万円で売上原価が1,200百万円，販売費及び一般管理費が300百万円のとき，売上高売上総利益率は（　a　）％，売上高営業利益率は（　b　）％である。

イ．売上高営業利益率は25％，売上高経常利益率は20％であり，売上高営業外費用率は15％，営業外収益が200百万円であった。

　　このとき売上高，営業利益および経常利益の金額はそれぞれ（　c　）百万円，（　d　）百万円および（　e　）百万円である。

（選択肢）　①　25　　②　40　　③　400　　④　500　　⑤　2,000

解答

　　a．②　　b．①　　c．⑤　　d．④　　e．③

いずれも損益計算書の計算構造の理解が基本となる。

ア．については売上総利益と営業利益の額を計算して売上高に対するパーセントを求める。

イ．については，まず売上高営業外収益率が10%であることがわかれば解ける。営業外収益は200百万円だから，売上高は2,000百万円になる。この売上高に営業利益率と経常利益率を掛ければよい。

これらはともに次の損益計算書による計算例である。

損益計算書

	(百万円)	(％)
売 上 高	2,000	100
売上原価	1,200	60
売上総利益	800	40
販売費及び一般管理費	300	15
営業利益	500	25
営業外収益	200	10
営業外費用	300	15
経常利益	400	20

第6節　分析のための基礎データ

　第5節では貸借対照表と損益計算書のデータをそのまま要約して用いましたが，各種の分析にあたっては，常にすべての財務諸表データが必要なわけではありません。第1章第3節と第4節で説明されているように，財務諸表は金融商品取引法ならびに会社法の規定や，証券取引所の要請によって開示されます。その中で，有価証券報告書の最初の部分に「主要な経営指標等の推移」という題目があり，そこに「提出会社の経営指標等」が掲載されています。そのうち，本テキストで扱う範囲の情

報を事例として掲載すると図表5-9のようになります。なお，一部の項目は有価証券報告書の記載通りではありません。たとえば「発行済株式総数（発行済株式数）」は自己株式を含んだ数が記載されますが，本書での分析の展開で必要となる，自己株式数を除いた項目を加えて記載しました。また，「1株当たり当期純利益」は，様式上は「1株当たり

図表5-9　提出会社の経営指標等

回次		X 0 期	X 1 期	X 2 期	X 3 期	X 4 期
決算年月		X 1 年 3 月	X 2 年 3 月	X 3 年 3 月	X 4 年 3 月	X 5 年 3 月
売上高	（百万円）	27,925	27,534	28,667	29,167	29,600
＊売上総利益	（百万円）	12,702	12,781	12,766	14,047	14,517
＊販売費及び一般管理費	（百万円）	11,898	12,054	11,531	12,037	12,112
＊営業利益	（百万円）	804	727	1,235	2,010	2,405
経常利益	（百万円）	892	801	1,337	2,067	2,472
＊税引前当期純利益	（百万円）	849	814	1,304	1,984	2,516
当期純利益	（百万円）	470	402	765	1,227	1,656
資本金	（百万円）	3,737	3,737	3,737	3,737	3,737
発行済株式総数（自己株式を含む）	（千株）	3,669	3,669	3,669	3,669	3,669
＊発行済株式総数（自己株式を除く）	（千株）	3,625	3,624	3,620	3,597	3,577
純資産額	（百万円）	12,053	12,455	13,080	14,343	15,686
総資産額	（百万円）	20,258	20,956	21,544	22,547	23,680
＊流動資産	（百万円）	10,183	10,817	11,556	11,226	12,538
1 株当たり純資産額	（円）	3,324.97	3,436.81	3,613.26	3,987.49	4,385.24
1 株当たり配当額	（円）	40.00	40.00	40.00	70.00	100.00
1 株当たり当期純利益	（円）	129.66	110.93	211.33	341.12	462.96
自己資本比率	（％）	59.5	59.4	60.7	63.6	66.2
自己資本利益率	（％）	3.98	3.28	5.99	8.95	11.03
株価収益率	（倍）	24.07	33.24	20.34	14.84	15.60
配当性向	（％）	30.9	36.0	18.9	20.5	21.6
営業活動によるキャッシュ・フロー	（百万円）	921	779	1,593	2,121	1,992
投資活動によるキャッシュ・フロー	（百万円）	△402	△453	△1,057	△1,147	△1,572
財務活動によるキャッシュ・フロー	（百万円）	△451	△452	△455	△531	△374
現金及び現金同等物の期末残高	（百万円）	1,185	1,059	1,140	1,584	1,629
従業員数	（人）	733	720	704	680	658

当期純利益金額」と記載されます。また，＊の項目を追加しました。

　「提出会社の経営指標等」には，直近5年度のデータが掲載され，財務諸表の基幹的な数値と投資者の投資判断にかかわるもっとも基本的な分析のための基礎データが提示されています。本書では，この情報を基礎として，そこにいくつかの情報を追加した範囲での分析指標とその解釈を学びます。

第7節　成長性および伸び率の分析
─会社は伸びているか

　百分比財務諸表分析は単一の貸借対照表または損益計算書についての単表分析でしたが，複表分析でもっとも基礎的なものが成長性および伸び率の分析です。これらは趨勢分析あるいは時系列分析とも呼ばれます。もちろん財務諸表分析全体を通じて企業の成長力を見るという視点もありますから，ここでの成長性分析という呼び方は分析全体を通じて成長性を見るという意味ではなく，狭い意味での伸びや趨勢・推移の分析を意味しています。この分析は財務諸表の主要な項目，とくに資産ならびに負債・純資産項目や利益項目を対象としています。その代表的なものとしては，規模の増減や伸びを指標化するために，資産合計または負債純資産合計や売上高あるいは各利益について期間比較を行い，推移や増減，伸びを見る方法があります。

　たとえば，事例の会社のここ5年間の財務諸表の主要数値が図表5-10のようであったとして分析しましょう。図表5-10のデータは，流動資産，売上総利益，営業利益，税引前当期純利益は，財務諸表から採取しましたが，それら以外は，前節で説明した「提出会社の経営指標等」にも掲載されている項目です。

（単位：百万円）

	X 0 年度	X 1 年度	X 2 年度	X 3 年度	X 4 年度
資産合計	20,258	20,956	21,544	22,547	23,680
流動資産	10,183	10,817	11,556	11,226	12,538
純 資 産	12,053	12,455	13,080	14,343	15,686
売 上 高	27,925	27,534	28,667	29,167	29,600
売上総利益	12,702	12,781	12,766	14,047	14,517
営業利益	804	727	1,235	2,010	2,405
経常利益	892	801	1,337	2,067	2,472
税引前当期純利益	849	814	1,304	1,984	2,516
当期純利益	470	402	765	1,227	1,656
営業活動によるキャッシュ・フロー	921	779	1,593	2,121	1,992

　分析の対象とする主要項目の選択自体も分析目的などの判断に依存します。ここでは利益の構造を分析するために，各種利益を列挙しましたが，通常の視点からの代表的な項目をあげています。なお，X 0 年度とは X 1 年 3 月期（3 月決算の場合）を意味しており，以下，同様です。

　成長性分析の方法には基本的に**対前年度比率**と**対基準年度比率**があります。また，対前年度比率を基礎として**伸び率**（あるいは**増減率**）の分析ができます。以下，それぞれを見てみましょう。

　対前年度比率

　対前年度比率（対前年度成長性比率）は，分析対象年度の数値を前年度の数値で割った値をパーセントで表したものです。

$$（対前年度比率）\quad \frac{分析対象年度の金額}{分析対象年度の前年度の金額} \times 100（\%）$$

　たとえば，Ｘ１年度の資産合計や売上高の対前年度比率は，次のような計算になります。なお，Ｘ０年度については前年度数値がないため計算できません。

（Ｘ１年度の資産合計の対前年度比率）

$$\frac{Ｘ１年度の金額}{Ｘ０年度の金額} \times 100 = \frac{20,956}{20,258} \times 100 = 103.4（\%）$$

（Ｘ１年度の売上高の対前年度比率）

$$\left(\frac{27,534}{27,925} \times 100 \right) = 98.6（\%）$$

　Ｘ２年度は，Ｘ２年度数値を分子としてＸ１年度数値で割ることになります。他の項目や他の年度についても，同様の計算を行います。Ｘ１年度の売上高のように，前年度より減少すれば，100.0（％）を下回る数値となります。

　図表5-10の各項目について計算を行うと対前年度比率は図表5-11のようになります。

　前年度比で，資産合計ほかの貸借対照表項目は，Ｘ３年度の流動資産を除いて，毎期，伸びていることがわかります。また，損益計算書の売上高や各種利益項目は，売上総利益以外は，Ｘ０年度からＸ１年度にかけて減少したものの，Ｘ２年度以降はすべて継続して伸びていることがわかります。ただ，Ｘ１年度もそうですが，Ｘ３年度とＸ４年度は，資産合計の伸びほどには売上高は伸びておらず，全般的な投資規模の伸びほどは営業の規模は伸びていないといえます。また，キャッシュ・フロー計算書の営業活動によるキャッシュ・フロー（営業キャッシュ・フロー）は，Ｘ１年度だけでなくＸ４年度にも減少しています。

（単位：％）

	X 0 年度	X 1 年度	X 2 年度	X 3 年度	X 4 年度
資産合計	－	103.4	102.8	104.7	105.0
流動資産	－	106.2	106.8	97.1	111.7
純 資 産	－	103.3	105.0	109.7	109.4
売 上 高	－	98.6	104.1	101.7	101.5
売上総利益	－	100.6	99.9	110.0	103.3
営業利益	－	90.4	169.9	162.8	119.7
経常利益	－	89.8	166.9	154.6	119.6
税引前当期純利益	－	95.9	160.2	152.1	126.8
当期純利益	－	85.5	190.3	160.4	135.0
営業活動によるキャッシュ・フロー	－	84.6	204.5	133.1	93.9

　対前年度比率は基本的には期間推移を見る指標ですが，特定の項目間の関係から，項目のバランスを見ることもできます。たとえばX 2 年度からX 4 年度は資産合計の増加よりも純資産の増加の方が大きくなっています。これは負債純資産合計（＝資産合計）の増加を，純資産の増加が上回っていると読み替えることができます。ここから，負債と純資産の構成上，負債の割合が減少しているということができます。X 3 年度は資産合計が増加したのに対し，流動資産は減少しており，構成上，固定資産（ならびに繰延資産）の割合が増加していることがわかります。

　また，損益計算書の各項目については，たとえばX 1 年度は売上高が減少しているのに売上総利益は伸びており，売上原価の割合が減少して改善していることが，［売上高－売上原価＝売上総利益］の関係から判読できます。X 2 年度は売上高が伸びているのに売上総利益は減少して

171

います。したがって，売上原価の割合が増加して悪化していることがわかります。Ｘ３年度やＸ４年度は売上総利益の伸びが売上高の伸びを上回っており，売上原価の割合が減少して改善したということができます。

このように，図表5-11には負債や売上原価，販売費及び一般管理費，営業外損益，特別損益は項目としてはあげていませんが，貸借対照表や損益計算書の計算構造を理解すれば，図表に入っていない項目間の伸びの均等性や不均等性から，相互の改善・悪化の状況を見ることもできます。

❷ 伸び率（増減率）

伸び率は正確には**対前年度伸び率**ということができます。これは分析対象年度の数値から前年度の数値を差し引いた金額を前年度の金額で割ったものです。対前年度比率はいわば総額（グロス）での期間推移を表すのに対し，伸び率は増減の純額（ネット）を比率で表すものです。

式に表すと次のようになります。

> （伸び率）
> $$\frac{\text{分析対象年度の金額} - \text{分析対象年度の前年度の金額}}{\text{分析対象年度の前年度の金額}} \times 100\,(\%)$$

これは次のように書き換えることもできます。

> （伸び率） $\left(\dfrac{\text{分析対象年度の金額}}{\text{分析対象年度の前年度の金額}} - 1 \right) \times 100\,(\%)$

> （伸び率） $\dfrac{\text{分析対象年度の金額}}{\text{分析対象年度の前年度の金額}} \times 100 - 100\,(\%)$

結果的には対前年度比率（％）から100（％）を差し引くことになります。以下の事例では，３つ列挙した最後の式に数値を当てはめていま

すが，３つとも同じ内容の式ですから，どの式を使っても結果は同じです。

　資産合計を例にあげると，Ｘ１年度の伸び率は次の計算になります。なお，Ｘ０年度は対前年度比率と同様に，前年度数値がないため計算できません。

　　（Ｘ１年度の資産合計の伸び率）

$$\left(\frac{\text{Ｘ１年度の金額}}{\text{Ｘ０年度の金額}} \times 100 \right) - 100 = \left(\frac{20,956}{20,258} \times 100 \right) - 100 = 3.4(\%)$$

　また，売上高は，Ｘ１年度は前年度より減少しており，その場合には伸び率はマイナスになります。△はマイナスを意味します。

　　（Ｘ１年度の売上高の伸び率）

$$\left(\frac{27,534}{27,925} \times 100 \right) - 100 = \triangle 1.4(\%)$$

　この事例でも明らかなとおり，伸び率の指標は常にプラスとは限らず，マイナスの場合もあります。したがって，双方を正確に表現するために，伸び率に代えて**増減率**と呼ぶこともありますが，双方を含めて伸び率がよく使われています。

　そこで，図表５-10の各項目について伸び率の計算を行うと，図表５-12のようになります。

（単位：％）

	X 0 年度	X 1 年度	X 2 年度	X 3 年度	X 4 年度
資産合計	－	3.4	2.8	4.7	5.0
流動資産	－	6.2	6.8	△ 2.9	11.7
純 資 産	－	3.3	5.0	9.7	9.4
売 上 高	－	△ 1.4	4.1	1.7	1.5
売上総利益	－	0.6	△ 0.1	10.0	3.3
営業利益	－	△ 9.6	69.9	62.8	19.7
経常利益	－	△10.2	66.9	54.6	19.6
税引前当期純利益	－	△ 4.1	60.2	52.1	26.8
当期純利益	－	△14.5	90.3	60.4	35.0
営業活動によるキャッシュ・フロー	－	△15.4	104.5	33.1	△ 6.1

　対前年度比率と同様に，貸借対照表や損益計算書の各項目の計算構造
上の関係から項目の推移のバランスを見ることができますし，基本的な
解釈はいずれでも同じですが，グロスの対前年度比率よりも，ネットだ
けを抽出して示す伸び率が使われることが多いといえます。

　例えばX 1 年度は，売上総利益が伸びたのに営業利益は落ち込んでお
り，販売費及び一般管理費が相対的に悪化したのに対して，X 2 年度や
X 3 年度は，販売費及び一般管理費の割合が改善していることがわかり
ます。

　また，X 4 年度は営業利益は増加しているのに，営業キャッシュ・フ
ローは対照的に減少しており，ここから損益とキャッシュ・フローには
ズレがある可能性があることがわかります。

　ただ，伸び率にも留意すべき点があります。たとえばX 2 年度には営

業キャッシュ・フローは104.5％伸びていますが、これはＸ１年度の営
業キャッシュ・フローと比べて、その金額が1.045倍になったのではあ
りません。営業キャッシュ・フローの金額は2.045倍になっています。
つまり、対前年度比率204.5％がキャッシュ・フローの実際金額の伸び
を示しています。伸び率は増減した純額を前年度の金額で割った値であ
ることに注意して、対前年度比率と伸び率（増減率）を使い分けましょ
う。

　対前年度比率と伸び率を計算する際には、基準となる前年度数値がマ
イナス値の場合、基本的には計算された比率の解釈に困難を生じます。
たとえば前年度の経常利益が△1,000百万円で、当年度のそれが2,000
百万円であったとき、伸び率について次のような計算自体は可能です。

$$\left(\frac{2,000}{\triangle 1,000} \times 100 \right) - 100 = \triangle 300 (\%)$$

　また、対前年度比率でも△200％という計算は可能です。ところが、
これらは利益が増加しているのに指標はマイナスで、指標の意味を容易
には理解できない値であり、前年度数値がマイナスの場合には対前年度
比率と伸び率は分析対象外とするのがよいでしょう。

　同様に、前年度が1,000百万円で、当年度が△2,000百万円であったよ
うな場合には、伸び率が△300％、対前年度比率で△200％となり、前年
度が黒字であったことがわかっていれば減益であることがわかりますが、
指標自体だけからはわかりません。これも本来は分析対象外とするのが
適当と考えられますが、減益であることを明示して用いられることはあ
ります。

　なお、損益計算書項目に関しては、増収増益、増収減益、減収増益あ
るいは減収減益という言葉がよく使われます。ここで増収は対前年度で
売上高の金額の増加、減収は売上高の金額の減少、増益は対前年度で利

益の金額の増加，減益は利益の金額の減少を意味します。その際の利益は，各種の利益が状況に応じて用いられます。

③ 対基準年度比率

　対前年度比率は伸び率の計算とも結びつき，企業の状況の推移を把握しやすい指標ですが，次のような誤解を招くこともありえます。

　3年前に売上高が1,000億円の企業があったとします。この企業の売上高はその後3年間順調に推移し，毎年，対前年度比率で110％，伸び率で10％の伸びを継続したとします。今期の売上高はいくらになるでしょうか。1,300億円でしょうか。そうではありません。1,331億円になります。いわゆる**複利効果**のためです。この関係は図表5-13のようになります。

図表5-13　前年度比率・伸び率と実額との関係

	3年前	2年前	1年前	今　期
売上高(億円)	1,000	1,100	1,210	1,331
対前年度比率(%)	―	110.0	110.0	110.0
伸び率(%)	―	10.0	10.0	10.0

　そこで実額の推移を指標化する方法として，**対基準年度比率**（対基準年度成長性比率）があります。これは特定の期の数値を基準（100％）として，他の期の数値をパーセントに置き換えるもので，式で表すと次のようになります。

$$（対基準年度比率）\frac{分析対象年度の金額}{基準年度（特定年度）の金額} \times 100（\%）$$

Ｘ０年度を基準年度としたＸ２年度の資産合計を例にあげると，次のような計算で，106.3%になります。Ｘ０年度は基準年度ですから100.0%です。また，Ｘ１年度は対前年度比率と同じです。

　（Ｘ２年度の資産合計の対基準年度比率）

$$\frac{\text{Ｘ２年度の金額}}{\text{Ｘ０年度の金額}} \times 100 = \frac{21,544}{20,258} \times 100 = 106.3(\%)$$

同様に計算するとＸ３年度は111.3%になります。

　そこで図表5-10の各項目について，Ｘ０年度を基準年度として対基準年度比率を計算すると図表5-14のようになります。

（図表5-14　　対基準年度比率）

(単位：%)

	Ｘ０年度	Ｘ１年度	Ｘ２年度	Ｘ３年度	Ｘ４年度
資産合計	100.0	103.4	106.3	111.3	116.9
流動資産	100.0	106.2	113.5	110.2	123.1
純 資 産	100.0	103.3	108.5	119.0	130.1
売 上 高	100.0	98.6	102.7	104.4	106.0
売上総利益	100.0	100.6	100.5	110.6	114.3
営業利益	100.0	90.4	153.6	250.0	299.1
経常利益	100.0	89.8	149.9	231.7	277.1
税引前当期純利益	100.0	95.9	153.6	233.7	296.3
当期純利益	100.0	85.5	162.8	261.1	352.3
営業活動によるキャッシュ・フロー	100.0	84.6	173.0	230.3	216.3

　対前年度比率や伸び率と異なって，対基準年度比率は複数期間を通じた一連の数値の推移を表しています。

事例では，図表5-14のように，資産合計はＸ１年度からＸ４年度まで持続的に増加しています。これは対前年度比率や伸び率でも確認できますが，対基準年度比率では金額的な幅の変動を把握することができます。流動資産はＸ１年度，Ｘ２年度とＸ４年度は資産合計を上回って増加し，バランス的には固定資産の割合が減少していることがわかります。Ｘ３年度は資産合計は伸びたのに流動資産は減少し，固定資産の割合が増えています。また，純資産はＸ２年度以降，負債純資産合計（＝資産合計）を上回って伸びており，負債の割合が減っていることがわかります。これらのことは固定資産や負債それ自体の比率を求めれば明確にわかりますが，すべての項目を計算しなくても財務諸表の構造から推移が読み取れます。もちろん，分析の対象に入っていない項目に重要な変動の可能性があることがわかれば，その項目について追加的な分析を行うのがよいでしょう。

　売上高はＸ１年度以外は連続的に増加しており，売上総利益がＸ２年度にわずかに減少したものの，他の利益を含めて連続的に増加しています。とくに営業利益以下の利益は，Ｘ２年度の増加が顕著であることは，複利効果を明らかにする対基準年度比率で明確にわかります。例えば，最終利益である当期純利益は，Ｘ３年からＸ４年の伸び率は35.0％ですが，対基準年度では261.1％から352.3％へと，90％以上の伸長が見られます。対基準年度は実額の伸びを反映していることから，複利効果の存在に十分に留意しておきましょう。

　ただ，対基準年度比率には重要な注意点があります。それは基準年度をどの年度にするかという問題です。すでに伸び率の箇所でも述べたように，損益計算書項目のうち各種の利益項目の金額はマイナス（損失）になることもあり，そのような年度を基準年度とすると計算結果の解釈が困難になります。このことは対前年度比率と伸び率でも同じですが，

この2つについては年度限りの影響であるに対し，対基準年度比率では基準年度の数値が全体の期間に影響します。図表5-14のように分析対象の初年度を基準年度とするのが一般的ですが，初年度が異常な状況と考えられる場合には，正常と考えられる他の年度を基準年度とし，それ以前についてはさかのぼった計算を行うのがよいでしょう。

例題 5 - 8

次の文章が正しければ①を，誤っていれば②を選びなさい。

ア．当年度の売上高は5,000百万円である。売上高は今後，毎年ちょうど10％の伸び率が見込めるとすると，10年後の売上高は10,000百万円になる。

イ．伸び率はマイナス値にはならない。

解答

ア．② イ．②

解説

いずれも誤り。

ア．10年後の売上高は 5,000×$(1.1)^{10}$，約12,969百万円になる。

イ．前年度よりも数値が減少すればマイナスになる。

第8節 安全性の分析─支払能力を判定しよう

「営業職には経理知識や財務諸表分析は関係ない」。そうでしょうか。現金での販売ではなく掛売り（ツケでの販売）をした得意先が倒産すれば代金の回収はむずかしくなります。営業職が，取引先の支払能力を判定できれば，営業力に幅が出ます。それ以前に，危ない取引先を判別するのも，本来，営業職に求められる能力です。

企業の支払能力や財務的な安定性を判定するのが**安全性の分析**です。**安全性の指標**は，企業の支払能力，債務の弁済能力の判定指標として，主に貸借対照表の単表分析によって得られます。これは資金繰りや資金の流動性に関するバランスを見るものですから，**流動性分析**とも呼ばれます。ここでは代表的な指標を説明しましょう。

 流動比率

財務諸表分析の歴史上，最初に定着したとされるのが安全性分析指標の1つである**流動比率**です。19世紀後半の産業の伸長に伴って資金需要が旺盛となり，当時の金融機関が，徐々に企業情報として整備されつつあった財産目録あるいは貸借対照表を融資審査（与信審査）の材料の1つとして用い始め，そこから開発された指標の代表例が流動比率です。流動比率は，銀行が融資を行う際の判断指標に用いたという経緯から銀行家比率とも呼ばれました。

流動比率は次の式によって求められます。通常はパーセントで表現されます。

$$\text{(流動比率)} \quad \frac{\text{流動資産}}{\text{流動負債}} \times 100\,(\%)$$

　流動比率の意義を図表5-15の貸借対照表で説明しましょう。流動負債は短期に決済・返済を要する債務です。決済は資産で行われます。繰延資産は会計上の**擬制資産**（将来の効果を根拠に計上された計算上の資産）のため，売却できない資産ですから決済には使えません。また，固定資産を売却して決済することも手段としては考えられますが，遊休資産（使用せず遊んでいる資産）でない限り，使用中の設備等を売却すれば企業活動がストップしてしまうため，現実的とはいえません。したがって，基本的に流動負債は流動資産で決済することになります。そこで，流動負債を決済するのに十分な流動資産があるかどうかを判定しようとする指標が流動比率です。

図表5-15　流動比率：流動資産と流動負債のバランス

貸借対照表

短期の支払手段←　流動資産　｜　流動負債　→短期の要決済債務

固定資産　｜　固定負債

（繰延資産）｜　純資産

　事例（図表5-3）の貸借対照表から流動比率を計算すると，次のようになります。

$$\text{(事例の流動比率)} \quad \frac{12{,}538}{7{,}219} \times 100 = 173.7\,(\%)$$

　事例では流動比率は173.7％です。この数値は貸借対照表日（決算日）現在，流動負債の支払いに充てられる流動資産が流動負債を約74％

上回っていることを示しています。そうだからといって安心はできません。流動負債には必ずしも資金決済を要しない項目も含まれていますが、流動資産の中にも商品、製品、仕掛品、原材料などの棚卸資産のように、これから販売、もしくは製造して販売しないと資金にならないものも含まれており、余裕が必要です。もちろん100％を切っていれば、借換えや新たな借入れなどを行わないと決算日時点では支払いがむずかしい状況であると判断できます。ただし、電力業、ガス業などに代表される業種のように、日々検針を行って定期的に入金があって、いわゆる日銭が入ってくる場合には、流動比率が100％を切っていても、短期の支払能力に問題がない場合もあります。

　前に書いたように、流動比率の開発当時には良否の判定基準として、経験的に2対1、すなわち200％を絶対基準とする考え方がありました。現在でも200％が理想的といわれる場合がありますが、今日では多くの企業がこれを下回っており、140％程度でも平均的な状況です。

　事例ではかなり余裕がありそうですが、基本的には同業種の標準比率などとの比較による相対判断や同企業の期間推移による時系列での判断を行うのがよいでしょう。

　なお、参考値を第13節の図表5-23に掲載しています。

例題 5 - 9

次の(a)から(c)に入る選択肢を選びなさい。

ア．流動比率が150％で流動資産が3,000百万円のとき，流動負債は
（　a　）百万円である。

イ．流動比率が150％で流動負債が2,000百万円のとき，流動資産は
（　b　）百万円である。

ウ．流動資産が3,000百万円で流動負債が2,000百万円のとき，流動比率
は（　c　）％である。

（選択肢）　①　150　　②　2,000　　③　3,000

解答

ア．②　　イ．③　　ウ．①

解説

いずれも同じ内容の設問。流動比率(150) $= \dfrac{流動資産(3,000)}{流動負債(2,000)} \times 100$
（％）となる。

② 正味運転資本

運転資本あるいは**運転資金**という言葉は，実務の現場ではよく使われ
ます。ところが，意味は必ずしも明確ではありません。慣用的には短期
の事業資金の意味に使われています。また，流動資産と流動負債，ある
いは売上債権と仕入債務のバランスを表すのにも用いられます。

財務諸表分析において算定されるのは主に**正味運転資本**ないし**正味運
転資金**です。正味運転資本の分析は比率としてではなく，貸借対照表の

単表分析による金額として計算される実数分析にあたります。計算式は以下のとおりです。

（正味運転資本）　流動資産 － 流動負債

　正味運転資本は図表5-16のように表現できます。流動比率が流動資産と流動負債のバランス関係から，企業の規模の大小に関わりのない指標化を行って短期の支払能力を判断するのに対して，正味運転資本は，規模を反映した実額としての流動的な資金の正味額を表示します。したがって，標準値や他社との比較ではなく，自社での持ち高の推移等が判断の目安となります。

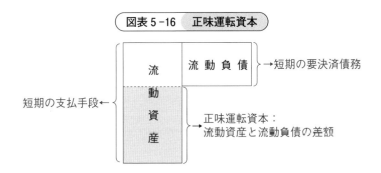

図表5-16　　正味運転資本

流動負債 →短期の要決済債務

短期の支払手段←　流動資産

正味運転資本：
→流動資産と流動負債の差額

　事例（図表5-3）の貸借対照表の数値では，正味運転資本は次のように計算できます。

　　（事例の正味運転資本）　流動資産12,538－流動負債7,219＝5,319(百万円)

　流動比率が100％を切る状態の場合，正味運転資本はマイナスになります。通常の企業の場合，一時的なマイナスを除いて，正味運転資本が連続的にマイナスになることは短期的な事業運営資金が不足するわけですから，好ましいことではありません。流動比率の解釈と同様，過度の

余剰は好ましくありませんが，資金の余裕として一定の運転資本を確保することは重要です。

例題 5 -10

次の(a)から(c)に入る選択肢を選びなさい。

ア．流動資産が3,000百万円で正味運転資本が1,000百万円のとき，流動負債は（　a　）百万円である。

イ．流動資産が3,000百万円で流動負債が2,000百万円のとき，正味運転資本は（　b　）百万円である。

ウ．流動負債が2,000百万円で正味運転資本が1,000百万円のとき，流動資産は（　c　）百万円である。

（選択肢）　①　1,000　　②　2,000　　③　3,000

解答

a．②　　b．①　　c．③

解説

いずれも同じ内容の設問。正味運転資本＝流動資産－流動負債である。

③ 手元流動性（手元資金）

　正味運転資本は差額としての流動的資金の正味額でしたが，より実際的な支払手段としての流動的資金を表すものとして**手元流動性**があります。

　手元流動性は次の式で求められます。

> （手元流動性）　現金及び預金 ＋ 有価証券

　ここでいう有価証券は流動資産に表示されている有価証券で，これは市場性のある有価証券で一時所有のものを指しますが，具体的には売買目的有価証券や短期の満期保有目的債券が該当します。値動きはあるものの，売却すれば数日で資金化できるため，資金機能が高い有価証券です。

　事例の貸借対照表の場合は，手元流動性は次のように計算することができます。

　（事例の手元流動性）　現金及び預金2,619＋有価証券1,500＝4,119(百万円)

　手元流動性は，必ずしも即時ではありませんが，短時日での支払能力のある資産の金額を示す指標です。もともと金額を示す指標ですが，開発の当初から手元流動性の金額を売上高で割って100倍したパーセントの値を指標としての手元流動性とするという法人企業統計調査のような方式もあるため，近年では金額であることをより明確に示すため，**手元資金**という用語も使われるようになってきています。あくまでも，本来は手元流動性は金額を意味し，その場合には，手元流動性と手元資金は同じ意味です。ここでは手元流動性はパーセントではなく，基本的には

金額で示される指標と理解しておきましょう。この指標も，自社での持ち高の推移等が判断の目安となります。

例題 5 -11

現金及び預金が500，有価証券が100，投資有価証券が300のとき，手元流動性の金額を求めなさい。

解答

600

解説

投資有価証券は含まれません。

4 当座比率

(1) 当座資産

流動資産には商品，製品，仕掛品，原材料などの棚卸資産のように，これから販売，もしくは製造して販売しないと資金にならないものも含まれていました。そこで流動資産からこれらを除いた部分が**当座資産**です。当座資産は含める範囲を流動資産全体よりも支払手段としての確実性が高い資産に限定したものであり，当座比率は流動比率よりも支払能力を厳密に見る指標です。

当座資産の範囲には幅があり，短期の支払能力の高い代表的な資産を抽出すると，次の式(A)で計算できます。

⒜当座資産＝現金及び預金＋受取手形＋電子記録債権＋売掛金＋有価証券

＝現金及び預金＋売上債権＋有価証券

　ただし，その他の流動資産に含まれる短期貸付金や未収入金は同等の支払能力を有しています。

　なお，売上債権は，貸倒引当金を控除した実際回収可能額で計算するのが本来ですが，貸倒引当金は短期貸付金や未収入金等にも設定されることから，流動資産全体から控除されることもあり，その場合には，便宜的に控除前の金額を使うことになります。

　また，これらすべてが貸借対照表に明示されているわけではないので，簡便な方法として，次の式⒝の当座資産でもよいでしょう。

⒝　当座資産＝流動資産－棚卸資産

　貸借対照表の流動資産の項目のうち，当座資産に該当しない金額的にも重要な項目の典型が棚卸資産です。棚卸資産は経営上は必要な項目であり，販売されれば資金化されますが，不良在庫と呼ばれる売れない状態になっているものがあれば，支払能力に疑問が生じます。

　分析にあたっては，当座資産のような項目は，法令で決まった項目とは異なり範囲自体に弾力性があるため，かえって難解さを感じるかもしれませんが，その範囲を決めること自体が分析能力を高める上での基本視点として重要であることに留意しておきましょう。

⑵　当座比率

　そして，図表 5 -17に示したように，流動資産よりも厳密に支払能力を限定した当座資産で流動負債を決済する視点から両者のバランスを見る指標が当座比率です。

図表5-17　当座比率：当座資産と流動負債のバランス

支払いの確実性が
高い短期資金

当座資産

棚卸資産

流動資産

流動負債

短期の要決済債務

当座比率は次の式によって求められます。通常はパーセントで表現されます。

$$（当座比率）\quad \frac{当座資産}{流動負債} \times 100（\%）$$

事例（図表5-3）の貸借対照表から当座資産を計算し，そこから当座比率を計算すると，次のようになります。

（事例の当座資産）

(A)の場合　現金及び預金2,619＋売上債権5,554＋有価証券1,500
　　　　　　＝9,673

(B)の場合　流動資産12,538－棚卸資産2,799＝9,739

（事例の当座比率）

(A)の場合　$\dfrac{9,673}{7,219} \times 100 = 134.0（\%）$

(B)の場合　$\dfrac{9,739}{7,219} \times 100 = 134.9（\%）$

棚卸資産が多額にあると，不良在庫を含んでいる可能性もありますし，流動比率は高いのに当座比率が低いという状況になります。その意味でも，まず棚卸資産は当座資産ではないという観点が重要になります。

当座比率にも絶対的な比較基準はありませんが，短期的な支払いのバランスの視点からは100％以上あることが望ましいと考えられます。

参考値を第13節の図表5-24に掲載しています。

次の(ア)と(イ)の文章の正誤の組み合わせとして正しいものを選びなさい。

(ア) 棚卸資産があるとき，当座比率は流動比率よりも大きい。

(イ) 流動資産が2,000（現金及び預金800，売上債権400，有価証券300，棚卸資産500），流動負債が1,000のとき，当座比率は150％である。

（選択肢）	①	(ア) 正	(イ) 正	②	(ア) 正	(イ) 誤
	③	(ア) 誤	(イ) 正	④	(ア) 誤	(イ) 誤

解答

③

解説

(ア) 当座比率≦流動比率

(イ) $\dfrac{800 + 400 + 300（または2,000 - 500）}{1,000} \times 100 = 150.0（\%）$

⑤ 自己資本比率

　以上の安全性の分析は，短期資金の使途である流動資産や当座資産と，短期資金の源泉（出どころ）である流動負債とのバランスや，事業資金の持ち高を見て，短期の債務弁済能力や支払能力を判定する指標でした。

　これに対して**自己資本比率**は，貸借対照表における資金の源泉側のバランスを見る指標です。この関係は図表5−18のようになります。自己資本比率は資金の源泉全体（負債純資産合計）に占める自己資本の割合です。負債は，企業にとって企業経営上の外部者からの資金の調達であるため返済・弁済を要し，分析上は**他人資本**とも呼ばれます。これに対して純資産は，資本主からの払込資金と利益などを企業内に留保した資金ですから，分析上は**自己資本**と呼ぶことが多いのです。

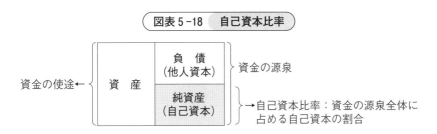

図表5−18　自己資本比率

　自己資本比率は，弁済を要する負債ではなく，弁済を要しない純資産による資金源泉が多い方が長期的に財政状態が安定しているという視点からの指標です。

　自己資本比率は考え方としては次の式で求められます。分母は資産合計でも同じですが，自己資本比率では資産側ではなく，負債純資産側を分母と考えるのが一般的です。

$$\text{(自己資本比率)} \quad \frac{\text{自己資本}}{\text{負債純資産合計}} \times 100 \, (\%)$$

この場合，分子の自己資本の範囲については見解が分かれるところです。

制度（法令や証券取引所の要請）上では，次の式のように，株主資本と評価・換算差額等を自己資本としており，株式引受権と新株予約権は除外されます。

（制度上の自己資本）

自己資本＝株主資本＋評価・換算差額等

＝純資産－株式引受権－新株予約権

ただ，株式引受権や新株予約権はない場合も多く，あったとしても金額的には小さい場合が多いため，制度上での比較等を要する場合を除き，純資産を自己資本とみなしても差し支えないでしょう。

また，自己資本比率を**株主資本比率**と呼ぶ場合もありますが，両者は同じ指標を意味しており，株主資本比率という場合でも，その場合の株主資本の範囲は純資産のうちの株主資本ではなく，ここでいう自己資本を指すことに注意しましょう。

図表5-3の事例の貸借対照表では，自己資本比率は次のようになります。

$$\text{（事例の自己資本比率）} \quad \frac{15,686}{23,680} \times 100 = 66.2 \, (\%)$$

第2次大戦後を起点とする，とくに中小企業と大企業の財務構造の変化は，自己資本比率において顕著です。第13節の図表5-25に示したように，資金を資本市場（証券市場）から調達できる上場会社や構造的に安定した中堅企業の自己資本比率は40％台に高まってきていますが，借入れに依存する小企業の自己資本比率は10％台と大きな差がある状態の

ままです。その意味では事例の場合は自己資本比率は相当に高いといえ
ます。

　前述のとおり，自己資本は他人資本（負債）と異なって弁済を要しな
い資金源泉ですから，自己資本比率が高ければ，弁済を要しない資金源
泉の割合が高く，財務の安定性が高いことになります。また，負債，と
くに有利子負債はたとえ赤字であっても利息の支払いを要するのに対し，
自己資本は固定的な支払いの必要はありません。ただし，出資者（株
主）は何の見返りも期待せずに出資するわけではなく，配当や株価の値
上がりを期待しますから，経営上，安定した自己資本による出資を確保
するためには，利益の確保や増大をはかる方向性が不可欠です。

例題 5 -13

　次の⒜から⒟に入る選択肢を選びなさい。同じ選択肢を何度使っても
よい。なお，純資産を自己資本とみなす（金額単位：百万円）。

ア．資産合計が50,000，負債合計が30,000のとき，自己資本の額は
　（　a　）であり，自己資本比率は（　b　）％である。

イ．自己資本比率が40％，負債合計が30,000のとき，自己資本の額は
　（　c　）であり，資産合計は（　d　）である。

（選択肢）　①　40　　②　20,000　　③　30,000　　④　50,000

解答

　　a．②　　　b．①　　　c．②　　　d．④

いずれも同じ内容の設問。貸借対照表の計算構造と自己資本比率の意味を理解していればよい。このような問いは類似の各種パターンが想定できる。

6 安全性指標の留意点

　ここで取り上げた安全性の指標は代表的な基本指標であり，安全性の分析に関しては古くから多様な指標が展開されています。

　安全性の指標の判断には留意すべき点があります。たとえば流動比率の場合，開発の当初は経験的に200％という良否を判断する目安がありました。現在も200％が理想とされることもあるのですが，必ずしも大きければ大きいほど良いというわけではありません。当座比率も100％は目安ではありますが，大きければ良いというわけではありません。それは以下のような理由からです。

　図表5-19の貸借対照表は説明のための極端な仮設例ではありますが，流動比率は500％，当座比率は333％，手元流動性（手元資金）は流動負債をはるかに超える1,000あり，たしかに指標上の安全性は高いです。ところが，現金は持っているだけでは利益を稼ぎません。現金を持っていることは，各種の投資や決済に対応できるという利点はありますから，それが必ずしも悪いというわけではありませんが，投資計画や資金計画で必要のない現金は，利益を生まないのに，コスト（費用）はかかるのです。なぜなら，資産には負債や純資産という源泉（出どころ）があるからです。

　もう一度，貸借対照表がバランスする意味を考えてください。現金は

図表 5-19　安全性指標の留意点

貸借対照表

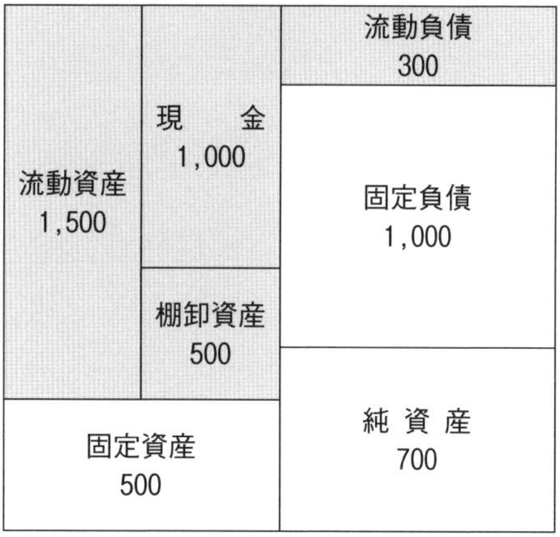

流動資産 1,500	現　　金 1,000	流動負債 300
		固定負債 1,000
	棚卸資産 500	
固定資産 500		純　資　産 700

負債や純資産でまかなわれています。負債には利息がかかりますし，純資産でも，出資者（株主）は**期待収益**（出資の見返りとしての配当や値上り益）を期待します。無用な支払利息を伴う遊休資産があるのなら，返済に充ててしまうのが望ましいですし，期待収益に見合わない稼がない資産の保有は望ましいことではありません。

　したがって，資金不足に陥らないための資金保有は絶対に必要であるものの，指標は必ずしも大きければ大きいほど良いというわけでもないのです。指標の解釈にあたっては，業界や経済の状況についての理解も必要です。

第9節　キャッシュ・フロー情報の利用

 キャッシュ・フロー情報の基本的な見方

　年度中の実際の資金の状況を示す計算書としてキャッシュ・フロー計算書があります。事例として図表5-20のキャッシュ・フロー計算書を用いることにしましょう。

図表5-20	キャッシュ・フロー計算書
営業活動によるキャッシュ・フロー	1,992
投資活動によるキャッシュ・フロー	△1,572
財務活動によるキャッシュ・フロー	△374
現金及び現金同等物の増減額	46
現金及び現金同等物の期首残高	1,584
現金及び現金同等物の期末残高	1,629

　この事例では年度中に営業活動により1,992のキャッシュ（現金及び現金同等物）を獲得し，投資活動に1,572を投入し，財務活動として374の資金返済を行った結果，年度中に全体としてキャッシュが46増加したことを示しています。したがって，キャッシュは期首残高1,584から期末残高1,629へと46増加しています。

　キャッシュ・フローのもっとも重要な源泉は営業活動によるキャッシュ・フローです。もしこれが少なかったりマイナスになったりすれば財務活動によるキャッシュ・フローで補わないと資金が減少してしまいますし，投資活動も行えません。投資活動は将来の営業キャッシュ・フローを生むための重要な活動です。基本的には資金投入ですからマイナ

スになるのが一般的ですが，設備（有形固定資産）などの売却収入が上回ってプラスになることもあります。ただ，投資活動のプラスで資金を得るという方向は，遊休資産の売却や資金投資（有価証券，貸付金，等）の回収等を除いて，適切とはいえません。また，財務活動は資金を調達するとプラス値になりますが，事例のように返済額の方が大きければマイナス値にもなります。これらのプラス・マイナスの関係は，第4章第4節❹で説明されているとおりです。

このように，営業活動，投資活動および財務活動という基本的な3つの企業活動の区分に従って，キャッシュ・フローの増減の要因を把握し，資金の状況を分析するのがキャッシュ・フロー計算書を読む際の基本的な視点です。

❷ フリー・キャッシュ・フロー ── 資金のバランス

ここではキャッシュ・フロー計算書の基本的な読み方を表す典型的な指標の1つである**フリー・キャッシュ・フロー**を取り上げておきましょう。

フリー・キャッシュ・フローは営業キャッシュ・フローと投資キャッシュ・フローのバランスに着目した指標であり，次の式で計算されます。

> （フリー・キャッシュ・フロー）
> **営業活動によるキャッシュ・フロー ＋ 投資活動によるキャッシュ・フロー**

図表5-20の事例ではフリー・キャッシュ・フローは次のように420になります。

（事例のフリー・キャッシュ・フロー）

　　1,992（営業活動）＋△1,572（投資活動）＝420

事例では投資活動の数値は△（マイナス）です。フリー・キャッシュ・フローの計算式は［営業キャッシュ・フロー－投資キャッシュ・フロー］ではなく［営業キャッシュ・フロー＋投資キャッシュ・フロー］であることに注意しましょう。もし投資キャッシュ・フローがプラスの場合はそのまま加算になりますが，マイナスの場合にはマイナスのままであるという意味になります。

　企業にとって投資活動は将来の存続・成長を支える重要な活動です。ところがとくに設備投資等の投資活動には大きな資金を要します。したがって，投資活動によるキャッシュ・フローは支出超過（マイナス値）になることが多いのです。場合によっては，このことが資金の大きな減少を招きかねません。もし資金不足になれば財務活動による資金調達を必要とすることになります。

　そこで投資活動を営業活動によるキャッシュ・フローの範囲内で行えば資金の状況が安定するという考え方を反映した指標がフリー・キャッシュ・フローです。もちろん，投資は企業の将来を左右しますから，継続的な投資や時として大きな投資も必要であり，フリー・キャッシュ・フローの値は常にプラスでなければならないという考えは適当ではありません。中長期的に営業キャッシュ・フローと投資キャッシュ・フローの均衡を図り，余剰がある場合には，財務キャッシュ・フローをマイナス（返済等）に導くような方向性を保持することが重要です。

次のキャッシュ・フロー計算書の情報からＡ社，Ｂ社とＣ社のフリー・キャッシュ・フローを求めなさい。

	Ａ社	Ｂ社	Ｃ社
営業活動によるキャッシュ・フロー	160	300	140
投資活動によるキャッシュ・フロー	△150	△320	10
財務活動によるキャッシュ・フロー	30	30	△90
現金及び現金同等物の増減額	40	10	60
現金及び現金同等物の期首残高	50	20	30
現金及び現金同等物の期末残高	90	30	90

解答

Ａ社：10　　Ｂ社：△20　　Ｃ社：150

解説

計算自体はフリー・キャッシュ・フローの計算式どおりである。なお，Ｃ社の事例のように投資活動がプラス値（ただし稀）の場合もある。また，フリー・キャッシュ・フローには影響しないが，財務活動がマイナス（調達よりも返済などが超過）の場合はよくある事例である。

第10節　収益性の分析─利益を稼ぐ能力はどうか

　企業活動の基本目的は，資本・資金を投下して，投下した資本・資金を超える成果としての利益をあげることにあります。安全性の分析を起源とする財務諸表分析の領域においても，もっとも重視されるようになっているのが，企業のもうけの状態，あるいはもうける能力を見ようとする**収益性の分析**です。ここで**収益性**とは，企業が利益を稼ぐ能力をいいます。

資本利益率の指標

　伝統的な分析体系で，収益性の中心指標と位置づけられるのが資本利益率です。企業を「資本を投下して利益を生む組織」として位置づけるならば，収益性の基本的な分析視点として，少ない資本投資で大きな利益を生むという投資対利益の関係に着目するのは自然な流れです。この関係を指標化したものが**資本利益率**であり，原語のイニシャルから**ROI**（Return on Investment）とも表現され，また，これは**投資収益率**とも呼ばれます。さらに近年では，実際の利益を稼いでいるのは資産であるという観点から，**資産利益率**あるいは原語のイニシャルから**ROA**（Return on Assets）とも表現されます。資本（負債・純資産）および資産はそれぞれ資金の源泉および使途ですから，資金の投下に対する成果の効率を見ようとする指標が資本利益率（または資産利益率）です。

　資本利益率の基本的な考え方を式で表すと次のようになります。分母の資本（または資産）は投下した資金を，分子は投下した資金が稼いだ成果としての利益を意味しますから，資本利益率は利益を稼ぐ組織とし

ての企業を象徴する指標といえます。

$$
（資本利益率：考え方）\quad \frac{利益}{資本（または資産）} \times 100\%
$$

　この式は，このままでは計算可能ではありません。損益計算書において単に「利益」という項目はありません。また，ここでの資産や資本という言葉は投下資金・投下資本であり，貸借対照表における資金の使途や源泉を意味しています。

　したがって，分母には，資金の源泉や使途を意味する貸借対照表の各種の項目が入り，分子には経営成果である損益計算書の各種利益が入ることになります。

② 総資本経常利益率

(1) 総資本経常利益率の計算

　代表的な収益性指標は**総資本経常利益率**です。ここで総資本とは負債純資産合計を意味します。総資本経常利益率は資金の源泉側から見た表現ですが，資金の使途側から見れば**総資産経常利益率**になります。その場合の総資産とは資産合計を指します。ただ，総資本と総資産は金額的には同一のため互換的に使われますし，総資本経常利益率と総資産経常利益率は同じ値になります。投下している資金総額で，企業の全般的な業績を表す利益と位置づけられている経常利益をどれだけ稼いだかを示す指標です。

　ROI や ROA という略称は一般的にこの指標を指します。

　総資本経常利益率は次の式で計算されます。

$$
（総資本経常利益率）\quad \frac{経常利益}{負債純資産合計} \times 100（\%）
$$

図表 5 - 3 の貸借対照表および図表 5 - 4 の損益計算書の数値から計算すると，総資本経常利益率は次のとおり，10.4％となります。事例の企業の場合は，総投資額100円当たり10.4円の経常利益をあげていることになります。

　　　（事例の総資本経常利益率）　　$\dfrac{2,472}{23,680} \times 100 = 10.4(\%)$

　この指標も絶対的な比較基準はないため，標準比率や他社比率との比較あるいは期間推移の観察による判断を行います。

　なお，資本利益率に関しては，総資本経常利益率のほかにも，本業の利益とされる営業利益を分子とした**総資本営業利益率**をはじめ，いくつかの指標が用いられます。

⑵　貸借対照表数値の平均値を用いた計算の要否

　さて，総資本経常利益率は 2 つの計算書の数値を用いる複表分析です。分母は貸借対照表の数値である負債純資産合計あるいは資産合計です。貸借対照表の数値は期末時点の数値です。これに対して損益計算書の数値である経常利益は期末値ではなく，年間を通じた期間累計値です。この関係は図表 5 -21のようになります。

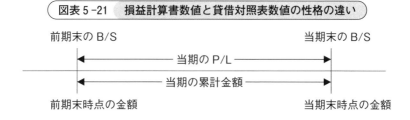

図表 5 -21　**損益計算書数値と貸借対照表数値の性格の違い**

　繰り返して書けば，貸借対照表の各項目の数値は期末時点の現在値であるのに対して損益計算書の各項目の数値は年間を通じた期間累計値と

しての性格を持っています。そのため，資本利益率を計算する際，分母である貸借対照表の数値には当期末の数値ではなく，前期末と当期末の数値の平均値である期間平均値を用いるとする標準指標がいくつかあります。そこで，標準比率と比較する際には，もし標準比率が貸借対照表数値の期間平均値を用いている場合には，そうするのが適当です。その場合には計算式は次のようになります。

（総資本経常利益率：期間平均値方式）

$$\frac{経常利益}{\dfrac{前期末の負債純資産合計 + 当期末の負債純資産合計}{2}} \times 100\,(\%)$$

　これは2つの計算書（B/SとP/L）の数値の特性（ストックとフロー）を反映しています。

　しかし，貸借対照表の期間平均値を用いる方法は常に適切であるとは限りません。平均値を用いるには，分母となる貸借対照表の数値，この場合は負債純資産合計が年間を通じて均等に増加または減少しているという前提が必要です。また，簡易な財務諸表の要旨や会社法による開示情報などでは，1期分の情報しか得られないこともありますし，有価証券報告書では貸借対照表と損益計算書がともに2期分開示されますが，1期目の損益計算書に対する期首の貸借対照表を得るためには，前期の有価証券報告書も入手する必要があります。

　このように，平均をとるためには，常に2期分の数値を探さなければならないことになります。したがって，他社比較や年度間推移による判断では，情報の入手の容易性の観点から，期間平均値にこだわらず期末値に統一した方式を用いても大きな問題はないでしょう。

　そこで，本章では関連する指標の計算について基本的に期末値を用い

ています。ただし，期間平均値による分析は不要という意味ではありませんので注意してください。

例題 5 −15

　次の(a)に入る選択肢を選びなさい。

　総資本利益率あるいは総資産利益率は ROI あるいは（　a　）と略記される。

（選択肢）　①　ROA　　②　ROE　　③　PER　　④　EPS

解答

　　a．①

解説

　　総資本利益率は Return on Investment，総資産利益率は Return on Assets である。なお，他の選択肢については後述。

例題 5 -16

次の(a)と(b)に入る選択肢を選びなさい（金額単位：百万円）。

ア．資産合計が50,000，経常利益が10,000のとき，総資本経常利益率は
（　a　）％である。

イ．経常利益が10,000，総資本経常利益率が20％のとき，負債純資産合
計は（　b　）である。

| （選択肢）　①　20　　②　40　　③　10,000　　④　20,000 |
| ⑤　50,000 |

解答

a．①　　b．⑤

解説

いずれも同じ内容の設問。なお，資産合計は負債純資産合計に等しい。

第5章
財務諸表分析

例題 5-17

　次の(a)と(b)に入る選択肢を選びなさい（金額単位：百万円）。

　営業利益が15,000，営業外収益が10,000，営業外費用が5,000，流動負債が40,000，固定負債が20,000，純資産が40,000とすると，経常利益は（　a　），総資産経常利益率は（　b　）％である。

| （選択肢）　①　15　　②　20　　③　10,000　　④　20,000 |
| ⑤　40,000 |

解答

　　a．④　　　b．②

解説

　経常利益＝営業利益＋営業外収益－営業外費用，総資本＝流動負債＋固定負債＋純資産である。総資本は総資産と同じ金額である。

③ 自己資本利益率

　資本利益率の指標で，取り上げられることの多いもう１つの指標に**自己資本利益率**があり，原語のイニシャルを用いて **ROE**（Return on Equity）とも表現されます。これは当期純利益を自己資本で割った値で，これもパーセントで表現されます。この意味での自己資本利益率は正確には**自己資本当期純利益率**ということになり，考え方は次の式で表現されます。当期純利益は税引後の利益であり，損益計算書の最終行に示される利益です。

$$（自己資本利益率）\quad \frac{当期純利益}{自己資本} \times 100（\%）$$

　自己資本利益率は，株主の出資に対する収益性を判断するための指標であり，分母が株主からの資金源泉，分子が株主に帰属する利益になります。企業経営の成果についての株主・投資者志向の高まりの観点から重要な指標となってきています。

　図表５-３と図表５-４から自己資本（ここでは純資産合計とする）と当期純利益を取り出して計算すると10.6％となります。

$$（事例の自己資本利益率）\quad \frac{1,656}{15,686} \times 100 = 10.6（\%）$$

　事例の場合には自己資本利益率は10％を超えていますが，わが国では超えていない企業も多く，当面は８％，さらには欧米のような２桁，すなわち10％以上を目標とするという方向性が示されたりもします。２桁という意味では10％は１つの目安となるかもしれませんが，10％に達していればよいというわけではありません。自己資本利益率も業界の状況などに応じた比較判断の対象となります。

なお，上場会社の法人税等は企業の負担となる費用と考えられるため，株主に帰属する利益は当期純利益とされますが，実際には上場会社は限られており，上場会社でない会社の方が多いですから，出資者が少数であったりオーナーであったりする場合も多いです。その場合には，自己資本税引前当期純利益率が用いられることがあります。税金の負担主がオーナーであるという観点から，出資の見返りとなる利益を税引前利益とする考え方です。企業全般を対象とした法人企業統計調査（後述の第13節参照）ではこの考え方をとっています。

　ただ，ROE は上場企業の業績評価に用いられることが多く，税引後の当期純利益を対象とした指標が一般的に取り上げられています。

例題 5 -18

　次の(a)に入る選択肢を選びなさい。

　自己資本利益率は（　　a　　）と略記される。

（選択肢）　①　ROA　　②　ROE　　③　PER　　④　EPS
　　　　　　⑤　ROI

解答

　a．②

解説

　自己資本利益率は Return on Equity である。

例題 5 -19

次の(a)から(d)に入る選択肢を選びなさい。なお，純資産を自己資本とみなす（金額単位：百万円）。

経常利益が14,000，特別利益が2,000，特別損失が6,000，法人税，住民税及び事業税が4,000，資産合計が100,000，流動負債が40,000，固定負債が20,000とすると，税引前当期純利益は（　a　），当期純利益は（　b　），純資産は（　c　），自己資本利益率は（　d　）％である。

| （選択肢） | ① 15 | ② 25 | ③ 3,000 | ④ 6,000 |
| | ⑤ 10,000 | ⑥ 40,000 | | |

解答

a．⑤　　b．④　　c．⑥　　d．①

解説

税引前当期純利益＝経常利益＋特別利益－特別損失，当期純利益＝税引前当期純利益－法人税，住民税及び事業税である。自己資本利益率の利益は，特記されない限り当期純利益（税引後）を用いる。

④ 資本利益率の要素分解

　資本利益率は，投資に対する成果の割合から投資の効率を見る統合的な指標です。この指標はいくつかの構成要素に分解して，構成要素ごとに良否の判断を行い，それを統合することができます。

　基本的な資本利益率の要素分解は次のようになります。

> 資本利益率　＝　売上高利益率　×　資本回転率

これらは次の式で表現されます。

$$\frac{利益}{資本（または資産）} = \frac{利益}{売上高} \times \frac{売上高}{資本（または資産）}$$

　右辺の第1項の**売上高利益率**はすでに百分比損益計算書で扱いましたが，これは，売上高に対して利幅が大きい事業活動を行っているか否かを示す指標です。資本利益率と売上高利益率は基本的にパーセントで表現されました。

　右辺の第2項は**資本回転率**と呼ばれます。資本回転率は投下資本がどれだけ効率的に売上高を生み出したか，あるいは投下資本が売上高で効率的に回収されているかどうかを示す指標であり，パーセントではなく実数で，通常は回と表現されます。投下資本の何倍の売上高をあげているかという観点から，倍ということもできますが，投下資本が何回回転して売上高を稼いだかという表現として，一般的には回が用いられます。

　ここでの資本利益率の要素分解は考え方であり，資本（または資産）および利益に，実際の貸借対照表の項目と損益計算書の利益項目を当てはめて計算することになります。以下では，総資本経常利益率と自己資本利益率の要素分解を検討しましょう。

(1) 総資本経常利益率の要素分解

　総資本経常利益率（あるいは総資産経常利益率）は，売上高経常利益率と総資本回転率（あるいは総資産回転率）の２つの指標に分解することができます。すでに述べているように，総資本と総資産は，負債純資産合計と資産合計であり，資金の源泉と使途の観点の違いはあれ，いずれも企業の投下資本総額を意味しており，用語としては互換的に用いられます。近年は総資産という用語を用いることが多くなっていますが，ここでは伝統的な用語としての総資本を用いることにします。

　総資本経常利益率の要素分解を式で表すと次のようになります。

> 総資本経常利益率　＝　売上高経常利益率　×　総資本回転率

$$\frac{経常利益}{総資本} = \frac{経常利益}{売上高} \times \frac{売上高}{総資本}$$

　図表5-3と図表5-4の数値から，それぞれを計算すると次の構造になります。

$$\frac{2,472（経常利益）}{23,680（総資本）} = \frac{2,472（経常利益）}{29,600（売上高）} \times \frac{29,600（売上高）}{23,680（総資本）}$$

総資本経常利益率(10.4％)＝売上高経常利益率(8.4％)×総資本回転率(1.25回)

　総資本回転率については，誤差が大きくなる可能性がありますので，小数点以下第1位ではなく，第2位まで求めています。

　総資本経常利益率の要素分解は，総資本経常利益率が，全般的な業績利益としての経常利益の利幅の大小を示す売上高経常利益率と，投資効率としての総資本回転率の積であることから，総資本経常利益率の改善は，この2つの要素のうちの1つ，または双方を改善することによって得られることを示しています。また，総資本経常利益率の増加や減少に際して，利益率と回転率のどちらに原因があるのかを判断するのに役立

ちます。

(2) 総資本回転率による効率判断

　売上高経常利益率に関してはすでに学んでいますから，総資本回転率の見方について説明しましょう。資本回転率は投下資本が売上高を効率的に生み出しているかどうかの指標です。したがって，**総資本回転率**は企業の投下資本総額と売上高を対比して，売上高を生み出す効率や，売上高による総資本のカバー（回収）の度合いを見る指標です。小さな投下資本で大きな売上高を生み出せば，それだけ資金効率や投資効率が高いことになります。

　わが国の特徴は，多くの企業の総資本回転率が1回近辺であることです。1回という数値は高いものではありません。製造業の場合は設備投資などが膨らむため回転率が低くなりがちと考えられますが，わが国では製造業に限らず，非製造業でも回転率が低い場合が多いのです。このことは，わが国の企業の資金投資が大きめであったことを示しています。先行投資を行って，大量生産型の態勢を築き，シェアを獲得することによって優位性を保つ傾向があったため，全般的に投資規模が大きくなり，回転率が低くなっています。そのため近年では，資産を圧縮し，投資規模を縮小する企業も増えています。資産の圧縮がもし売上高の減少に帰結しなければ回転率は高まることになります。ただ，わが国だけでなく，先端技術やICTに巨額の投資をする国々では，わが国以上に，回転率が低下してきています。

(3) 自己資本利益率の要素分解

　自己資本利益率（自己資本当期純利益率）も，総資本経常利益率と同様に要素分解できますが，2つにではなく，次のように3つに分解され

ます。

$$\boxed{\text{自己資本利益率 = 売上高当期純利益率 × 総資本回転率 × 財務レバレッジ}}$$

$$\boxed{\frac{\text{当期純利益}}{\text{自己資本}} = \frac{\text{当期純利益}}{\text{売上高}} \times \frac{\text{売上高}}{\text{総資本}} \times \frac{\text{総資本}}{\text{自己資本}}}$$

　右辺第1項は出資者・株主に帰属する利益と位置づけられる当期純利益を用いた売上高利益率です。つまり，売上高に対する株主帰属利益の割合を示しています。右辺第2項の総資本回転率は前述のとおりです。右辺第3項の**財務レバレッジ**は自己資本比率の分母と分子を入れ替えた逆数になります。通常はパーセントで表現します。

　図表5-3と図表5-4の数値から，各要素を計算すると次の構造になります。ここでは純資産を自己資本とみなします。

$$\frac{1,656\text{（当期純利益）}}{15,686\text{（自己資本）}} = \frac{1,656\text{（当期純利益）}}{29,600\text{（売上高）}}$$

$$\times \frac{29,600\text{（売上高）}}{23,680\text{（総資本）}} \times \frac{23,680\text{（総資本）}}{15,686\text{（自己資本）}}$$

自己資本利益率（10.6%）＝売上高当期純利益率（5.6%）×総資本回転率
（1.25回）×財務レバレッジ（151.0%）

　自己資本利益率の増加や減少に関して，これら3つの要素の変化を見ることで，要因を把握することができます。

⑷　**自己資本比率の改善と財務レバレッジ**

　さて，自己資本利益率の改善は，売上高当期純利益率と総資本回転率を高めることのほかに，3つの要素の1つである財務レバレッジを高めることによっても得られます。レバレッジとはテコを意味します。財務レバレッジを高めるには，総資本に対する他人資本の割合を増やせばい

いのです。自己資本だけでなく他人資本を加えることで，全体としての投資額が大きくなり，大きい投資から大きい利益が得られると考えると，他人資本がテコの役割を果たすわけです。

　一方，自己資本利益率は小さな自己資本で大きな当期純利益をあげれば良好という解釈が成り立つ指標ですから，その構成要素としての財務レバレッジを高めることは自己資本を小さくして，自己資本の割合を減らすという考え方にも結びつきます。ところが，財務レバレッジは自己資本比率の逆数ですから，財務レバレッジを高めるということは自己資本比率を低下させることにほかなりません。他人資本による資金調達に対して支払わなければならない支払利息を超える利益を稼ぐ能力のある会社は，財務レバレッジを高めれば利益を高めるテコとして働きますが，その能力のない会社の財務レバレッジを高めれば，増大した支払利息が業績を悪化させ，倒産リスクが高まりかねません。

　基本的には，財務構造の安定性という観点からは，財務レバレッジを高める方向ではなく自己資本比率を高める方向が重要であり，総資本を自己資本と他人資本でどのように配分して構成するかは，企業財務の大きな課題の１つです。

　３級の段階では，とくに総資本経常利益率を２つの要素に分解して判断する方法を基本として学んでおきましょう。自己資本利益率を３つの要素に分解する方法は３級としては応用的ですが，自己資本利益率それ自体は重要な指標ですから，３つの要素が組み合わさった計算構造も理解しておくのがよいでしょう。

例題 5 -20

次の(a)から(f)に入る選択肢を選びなさい。なお，純資産を自己資本とみなす（金額単位：百万円）。

経常利益が1,000，当期純利益が600，売上高が10,000，資産合計が8,000，純資産が2,500とすると，総資本経常利益率は（　a　）%，売上高経常利益率は（　b　）%，総資本回転率は（　c　）回，自己資本利益率は（　d　）%，売上高当期純利益率は（　e　）%，財務レバレッジは（　f　）%である。

（選択肢）　①　1.25　　②　6　　③　10　　④　12.5　⑤　24
　　　　　　⑥　320

解答

　a．④　　b．③　　c．①　　d．⑤　　e．②　　f．⑥

解説

それぞれの比率の計算式に数値を当てはめればよい。総資本と総資産は互換的に用いられ，ここでは資産合計がそれにあたる。

第5章
財務諸表分析

次の(a)と(b)に入る選択肢を選びなさい。

総資本回転率が1.25回，売上高経常利益率が10%，売上高当期純利益率が6%，財務レバレッジが320%のとき，総資本経常利益率は（　a　）%，自己資本利益率は（　b　）%である。

（選択肢）　①　10　　②　12.5　　③　20　　④　24

解答

a．②　　　b．④

解説

例題5-20の類題である。

総資本経常利益率（12.5%）＝売上高経常利益率（10%）×総資本回転率（1.25回）

自己資本利益率（24%）＝売上高当期純利益率（6%）×総資本回転率（1.25回）×財務レバレッジ（320%）

このような要素の組み合わせからは多くの類題が考えられる。

第11節　１株当たり分析─株価は高いか低いか

　１株当たり分析はファンダメンタル分析と呼ばれる，株価と会計の諸
数値との関連を分析する方法の１つです。財務諸表の重要な開示目的で
ある投資者の投資意思決定に関して，ここでは図表５-９の「提出会社
の経営指標等」にも取り上げられているもっとも代表的な指標である１
株当たり当期純利益と株価収益率，１株当たり純資産と株価純資産倍率，
ならびに１株当たり配当額と配当性向を説明し，あわせて，資本市場に
よる企業の評価額とされる時価総額を取り上げることにします。

 １株当たり当期純利益

　１株当たり当期純利益は，単に１株利益とも呼ばれ，原語のイニシャ
ルを用いて EPS（Earnings per Share）とも表現されます。これは当
期純利益の額を発行済株式数で割った値であり，以下の式で計算されま
す。

$$
（１株当たり当期純利益）\quad \frac{\text{当期純利益}}{\text{発行済株式数（自己株式を除く）}}
$$

　当期純利益は税引後の当期純利益です。また，１株当たり当期純利益
の指標値は金額になります。

　１株当たり当期純利益の計算式の分母である**発行済株式数**は，わが国
の会計制度では期間平均値を用いることになっていますが，ここでは資
本利益率等の他の指標と同様に，便宜的に期末値を用いることにします。

　また，自己株式は市場に出ることなく自社内で保有されている株式の
ため，自己株式がある場合，計算上の発行済株式数は，本節の最後に述

べる時価総額を除いて，自己株式数を控除した実際に発行されている株式数を用います。

　本章で扱っている事例の図表5‐4の損益計算書あるいは図表5‐9の第4期の当期純利益の数値1,656百万円を用いることにし，期末の発行済株式数を千株単位に置き換え，3,577千株としましょう。そうすると1株当たり当期純利益は以下のように計算できます。通常，EPSは銭の単位まで表示します。

$$（事例の1株当たり当期純利益）\quad \frac{1,656,000}{3,577} = 462.96（円）$$

　ここでは発行済株式数（自己株式を除く）が千株単位，損益計算書の数値が百万円単位であるため，事例の当期純利益（百万円）の数値を便宜的に千倍して千円単位に置き換えています。正確な数値が入手できる場合には，ともに単位がそろった数値を用いるのが適切です。

　株主帰属利益である当期純利益が同額の2つの企業があったとしても，発行済株式数が異なれば，1株当たり当期純利益は異なることになります。発行済株式数が少なければ1株利益は大きくなり，発行済株式数が多ければ1株利益は小さくなります。そのため，1つの企業の期間推移でEPSの増減の方向性を判断することはあっても，企業間での大小を比較することには意味はありません。

　1株当たり当期純利益は，次に述べる株価収益率の計算の基礎指標として用いられます。

❷　株価収益率

　株価収益率は原語のイニシャルを用いて PÉR（Price Earnings Ratio）とも表現されます。この指標は企業の利益水準に対して株価が

相対的に高いか低いかを判定する目安として用いられる指標です。

株価収益率は次の式で求められます。株価収益率は実数で，通常，何倍と表現します。

$$（株価収益率）\quad \frac{1 株当たり株式時価}{1 株当たり当期純利益}\quad（倍）$$

前述の事例で株価が7,220円とすると，株価収益率は以下のように15.60倍になります。分母の1株利益462.96円は前に計算した数字です。通常，小数点以下第1位または第2位まで表示されます。

$$（事例の株価収益率）\quad \frac{7,220}{462.96}=15.60（倍）$$

この指標は，開発当初には何倍ではなく何年という表現もされました。つまり，今，株式を時価で購入し，今後，現在と同様の利益水準が続き，かつ利益のすべてが株主に帰属すると仮定すると，現在の時価での投資が利益によって何年で回収できるかという観点です。この観点からは，投資の回収年数は15.60年ということになります。もちろん株式時価は日々変動しますし，1株利益も期間ごとに変動します。したがって，回収年数ではなく，時価と利益の関係を倍数で表現し，株価が利益水準に比べて高いか安いかを見ようとする指標が株価収益率です。

わが国の株価収益率は，従来からバラツキがありますが，東京証券取引所の集計による直近の数値を，第13節に記載しています。

株価収益率は株式投資者の利益に対する先読みを反映するといわれます。株価収益率は，現時点で投資者が株式を購入したとすると利益水準に対して株価が何倍であるかを示しています。将来，利益が上昇すると見込めば，今の時価で買った株式の株価収益率は将来の利益に対しては下がることになります。つまり，現状の株価が1,000円，1株利益が50円とすると現状の株価収益率は20倍ですが，将来，1株利益が100円に

第5章
財務諸表分析

なると見込めば，今の1,000円に対する株価収益率はその時点で10倍に下がります。逆に将来の1株利益が20円になれば，株価収益率はその時点で50倍に上がることになります。

　平均的な株価収益率が将来にわたって20倍であると想定すると，近い将来10倍，つまり1,000円の投資に対して100円の利益になると見込まれる株式は，100円の20倍である2,000円近辺でもよいはずで，株価は割安となり，近い将来50倍，つまり1,000円の投資に対して20円の利益になると見込まれる株式は，400円近辺でもよいはずで，株価は割高ということになります。したがって，平均的な株価収益率を基準として株価が割安とか割高とか書いている記事等もあります。ただし，それだけで割安・割高の判断をすることはできませんし，適切ではありません。これらは投資者による将来の利益水準に対する多様な予想や見込みを反映しています。将来の利益成長・増益を見込めば株価収益率は高くなりがちですし，利益の低下・減益を見込めば低くなりがちです。株価収益率自体の基準値はありませんから，計算式どおりになるわけではありません。将来の利益見込みが反映されて，株価や株価収益率が収束していくことになります。

例題 5-22

次の(a)と(b)に入る選択肢を選びなさい。

1株当たり当期純利益は（　a　），株価収益率は（　b　）と略記される。

（選択肢）	① ROA	② ROE	③ PER	④ EPS
	⑤ ROI			

解答

a．④　　b．③

解説

1株当たり当期純利益は Earnings per Share，株価収益率は Price Earnings Ratio である。

例題 5-23

次の(a)と(b)に入る選択肢を選びなさい。なお，発行済株式数は期首と期末で数値上の差はないものとする。

税引前当期純利益が9,000百万円，法人税等が4,000百万円，発行済株式数が500百万株，1株株価が200円とすると，1株利益は（　a　）円，株価収益率は（　b　）倍である。

（選択肢）　①　10　　②　15　　③　18　　④　20　　⑤　25

解答

　　a．①　　　b．④

解説

　　1株利益は1株当たり当期純利益であり，この場合の当期純利益は5,000百万円である。

③ 1株当たり純資産

　1株当たり純資産は，単に1株純資産とも呼ばれ，原語のイニシャルを用いて BPS （Book-value per Share）とも表現されます。これは貸借対照表の純資産の額を発行済株式数（自己株式を除く）で割った値であり，以下の式で計算されます。1株当たり純資産の指標値は金額になります。

$$（1株当たり純資産）　\frac{純資産}{発行済株式数（自己株式を除く）}$$

1株利益の計算と同様，期末の発行済株式数を3,577千株としましょう。事例の図表5-3の貸借対照表あるいは図表5-9の第4期の純資産の数値15,686百万円を用いた1株当たり純資産は以下のように計算できます。通常，銭の単位まで表示します。

$$（事例の1株当たり純資産）\quad \frac{15,686,000}{3,577} = 4,385.24（円）$$

　ここでは事例の純資産（百万円）の数値を便宜的に千倍して千円単位に置き換えています。正確な数値が入手できる場合には，ともに単位がそろった数値を用いるのが適切です。

　1株純資産も他社や標準指標との比較にはなじみませんが，1株利益がそれ自体では特別な意味はなかったのと異なり，1株純資産はそれ自体で特有の見方があります。それは最低株価の目安であるという見方です。図表5-22の貸借対照表で考えましょう。

　企業が現時点で解散するとします。そうすると資産を売却し，負債を弁済して，残った財産を株主に払い戻すことになります。1株当たり純資産は，このとき1株当たりで株主に払い戻される残余財産の額になります。したがって，株価はこの金額を下回らないとされるのです。

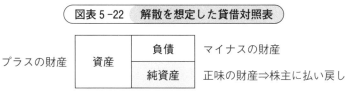

図表5-22　解散を想定した貸借対照表

　このような資産と負債の評価観は解散価値と呼ばれます。ところが，貸借対照表の数値は解散価値を表示していませんし，実際に継続している企業の市場評価額は解散価値ではなく，企業が継続することを前提とした価値で評価されます。したがって，最低株価の目安という見方はあ

るかもしれませんが，資産や負債はそのような見方とは関係のない価額で貸借対照表に計上されています。とくに資産は，金融資産のように時価で貸借対照表に計上されるものもありますが，事業用資産のように取得原価で計上されるものもあります。したがって，資産にオフバランス（貸借対照表に載っていない）の隠れた脆弱性があり，貸借対照表に計上されている金額よりも価値がないと見込まれれば，実際の純資産は計上額よりも低いと考えられて，株価が1株純資産を下回ることもありますし，逆に資産にオフバランスの高い財産価値が認められれば，上回ることもあります。

 ## 株価純資産倍率

　株価純資産倍率は原語のイニシャルを用いて**PBR**（ビービーアール）（Price Book-value Ratio）とも表現され，単に**純資産倍率**とも呼ばれます。この指標は企業の資産・財産の水準に対して株価が相対的に高いか低いかを判定する目安として用いられる指標です。

　株価純資産倍率は次の式で求められます。純資産倍率は実数で，通常，何倍と表現します。

$$（株価純資産倍率）\quad \frac{1株当たり株式時価}{1株当たり純資産}\quad（倍）$$

　株価純資産倍率は1株当たり株式時価（1株株価）が1株当たり純資産（1株純資産）の何倍かを示す指標です。前述のように1株純資産が解散価値での株主への払い戻し額になるという観点からは，1倍が基準値になり，1倍を下回らないということになります。

　ところが，すでに述べたとおり，実際には資産および純資産は解散価値ではなく，継続を前提とした価値での評価になることから，純資産の

価値（市場評価額）が貸借対照表計上額よりも小さい，あるいは小さくなると見込まれる場合には1倍を下回ることもあります。逆に純資産価値が大きい，あるいは大きくなると見込まれる場合には1倍を上回るようになります。

ここでも株価が7,220円であるとすると，事例の株価純資産倍率は以下のように1.65倍になります。分母の1株純資産4,385.24円は前に計算した数字です。通常，小数点以下第1位または第2位まで表示されます。

$$（事例の株価純資産倍率）\quad \frac{7,220}{4,385.24}=1.65（倍）$$

この事例では1倍を大きく上回っていますが，1倍に近いのが正常というわけでもありません。資産の継続価値，つまり資産の稼ぐ能力が高く，純資産の価値が貸借対照表計上額を上回ると見込まれれば，1倍を大きく上回る場合もあります。株価純資産倍率も株価収益率と同様に株価が割高あるいは割安という表現で用いられることがあり，この場合には1倍が基準値として使われることが多いですが，前述のとおり，とくにオフバランスについての投資者の読みが反映されるので，それだけで判断するのは適切ではありません。

わが国の株価純資産倍率は，東京証券取引所による市場旧第1部銘柄の単純平均による集計では，リーマンショック後の株価の下落などを受けて2008年9月から1倍を下回るようになり，最低で0.7倍を記録していましたが，2013年3月以降ほぼ1倍を上回るようになりました。ただ，旧第2部銘柄の単純平均は1倍を下回っています。

なお，2022年4月から3区分になった現市場の直近の数値を，第13節に記載しています。

例題 5 -24

次の(a)と(b)に入る選択肢を選びなさい。

1株当たり純資産は（　a　），株価純資産倍率は（　b　）と略記される。

（選択肢）　①　PER　　②　PBR　　③　EPS　　④　BPS
　　　　　　⑤　ROE

解答

　　a．④　　b．②

解説

　　1株当たり純資産は Book-value per Share，株価純資産倍率は Price Book-value Ratio である。

例題 5 -25

次の(a)と(b)に入る選択肢を選びなさい。

資産合計が250,000百万円，負債合計が150,000百万円，発行済株式数が500百万株，1株株価が200円とすると，1株純資産は（　a　）円，株価純資産倍率は（　b　）倍である。

（選択肢）　①　0.5　　②　1.0　　③　2.0　④　100　⑤　200

解答

a．⑤　　　b．②

解説

純資産合計は資産合計から負債合計を控除した金額であり，この場合の純資産合計は100,000百万円である。

5 1株当たり配当額

株式の投資者の投資の目的は，ESG や SDGs にも関係して多様化しているといわれることもありますが，基本的には投資の成果としての利益を志向していると考えることができます。利益には大きく2つの類型があります。キャピタルゲイン（Capital gain）とインカムゲイン（Income gain）です。

キャピタルゲインは，株式の時価の変動から来る値上がり益・値下がり損，つまり元本の変動による損益を指します。この場合は値上がりの利益だけでなく，値下がりの損失もあり，損失の場合はキャピタルロス

（Capital loss）になります。

　インカムゲインは，成果の分配によるもので，配当金が該当します。配当金は株主還元の典型的な事項です。これに関する情報が，**1株当たり配当額**です。計算式は次の式になりますが，通常は計算で求めるのではなく，金額自体が開示情報に含まれます。

$$（1株当たり配当額）\quad \frac{配当金総額}{発行済株式数（自己株式を除く）}$$

　1株当たり配当額は，株主総会か取締役会のいずれかが決定機関になりますが，取締役会とする会社が増えています。決定された配当額は図表5-9の「提出会社の経営指標等」にも記載されます。

⑥ 配当性向

　成果である利益のどのぐらいの割合が，配当金として分配されているかを示す指標が**配当性向**であり，次の式で求められます。単位はパーセントです。

$$（配当性向）\quad \frac{1株当たり配当額}{1株当たり当期純利益}×100（\%）$$

$$または\quad \frac{配当金総額}{当期純利益}×100（\%）$$

　配当は剰余金（資本剰余金・利益剰余金）の分配として実施されますが，留保された当期純利益が利益剰余金の原資となります。配当性向に基準値はありません。一般に，将来の成長を志向する企業では，配当性向を抑えて内部留保を行い，成長資金に充てる方向が容認されるのに対し，成熟段階の企業では，株式への投資を呼び込むために，相当の配当性向を保持して株主還元を行う方向になってきています。

⑦ 時価総額

　時価総額は資本市場（株式市場）において投資者が値付けしている株価による企業の評価価値の総額をいい，次の式で計算することができます。

> **（時価総額）　１株当たり株価 × 発行済株式数（自己株式を含む）**

　時価総額の計算に用いられる発行済株式数は，企業全体の株式に対する評価の観点から，自己株式を含んだ全量の発行済株式数が用いられるのが一般的です。ここでは，その方式によっています。ただし，自己株式を除いた方が，資本市場での株式の流通の実態を表すという見解もあります。

　事例の場合には次のようになります。

　　（事例の時価総額）　7,220（円）　×　3,669（千株）　=　26,490,180（千円）

　ここでは千円単位で計算しましたが，時価総額は26,490百万円，あるいは264億円というように大きい単位で表示されるのが一般的です。

　時価総額は，もし株価が今のままの状態で会社の発行済株式の全量を買い取るとすればいくらになるかの指標です。この場合，買い取りの対象は，基本的に貸借対照表の純資産（自己資本）の部分であり，資産から負債を控除した額である純資産に対する，株式投資者による資本市場での評価額の総額に該当します。もちろん株価は刻々と変化しますから，時価総額も刻々と変化します。したがって，時価総額はある特定の計算時点での評価額ということになります。

　時価総額は特定企業の市場評価額の算定のみならず，たとえばM&A

（合併・買収）を行う際の被合併・被買収会社の基礎評価額としても用いられる数値です。近年のわが国企業の時価総額は欧米や中国に比べて伸び悩んでいるといわれています。

例題 5 -26

次の数値から，時価総額を億円単位で計算しなさい。

1株当たり株価　1,350（円）

発行済株式数　　730百万株

解答

9,855億円

解説

1株株価1,350（円）×発行済株式数7.3（億株）

第12節　1人当たり分析—労働効率はどうか

　材料の投入量に対する生産量の割合，労働力の投入量に対する生産量や販売量の割合など，ヒト・モノ・カネの投入量に対する生産量の割合を**生産性**といいます。生産性が上がるとは，投入量に対する生産量の割合が増えることを意味します。生産性の分析には多様な視点や考え方があり，ここでは詳細にはふれませんが，代表的な例として次の式で計算される**従業員1人当たり売上高**があります。これは実数分析に該当します。

$$\text{（従業員1人当たり売上高）}\quad \frac{\text{売上高}}{\text{従業員数}}$$

　図表5-4の事例の場合，従業員数を658名とすると，従業員1人当たり売上高は以下のようになります。従業員数は1時点のストック数値で，分子の売上高がフローとしての累計であることから，従業員数に期間平均値をとる考え方がありますが，期間平均値をとるのか期末値をとるのかは統一して扱うのがよいでしょう。ここでは期末値を用いています。

$$\text{（事例の従業員1人当たり売上高）}\quad \frac{29,600}{658} = 45（百万円）$$

　1人当たり売上高も業種などによって差があり，業種の標準値や他社数値との比較あるいは期間推移によって判断するのが一般的です。

　1人当たり売上高は労働効率を表す指標の代表例ですが，1人当たり分析では，売上高以外に各種の利益や貸借対照表の各種項目などについても同様の計算が行われます。

　また，1人当たり分析は，労働時間当たりの労働効率が低くても，労働時間が長いために1人当たり指標は高くなるという問題を内在します

から，1人当たりではなく，労働時間当たり（マン・アワー）で計算する視点も重要です。ただ，開示情報では労働時間のデータを得にくいこともあり，わが国では労働効率の指標として1人当たり指標をとることが一般的です。

例題 5 −27

次の(a)と(b)に入る選択肢を選びなさい。なお，従業員数は期首と期末で数値上の差はないものとする。

ア．売上高が4,000百万円，従業員数が100人のとき，従業員1人当たり売上高は（ a ）百万円である。

イ．売上高が4,000百万円，従業員1人当たり売上高が40百万円のとき，従業員数は（ b ）人である。

| (選択肢) ① 40 ② 100 |

解答

a．①　　b．②

解説

いずれも同じ設問。

ア．$\dfrac{4,000}{100} = 40$（百万円）

イ．$\dfrac{4,000}{40} = 100$（人）

例題 5 -28

次の(a)と(b)に入る選択肢を選びなさい。なお，従業員数は期首と期末で数値上の差はないものとする。

同業のA社は売上高10,000百万円，従業員数200人，B社は売上高12,000百万円，従業員数250人としたとき，（　a　）社の方が（　b　）社よりも1人当たりの労働力が売上高を生み出す効率は高い。

（選択肢）　①　A　　②　B

解答

a. ①　b. ②

解説

A社　50百万円／人…高い

B社　48百万円／人

第13節　平均指標・標準指標の参考値

 利用可能な指標集

　第4節で述べたように，指標内容の善し悪しや動向の判断の基本は比較です。そこで，比較判断のための平均指標・標準指標として入手しやすいものに，以下のようなものがあります。

＊財務省財務総合政策研究所「法人企業統計調査」

　調査表方式による公的な統計調査であり，四半期および年次の調査結果がネット上で公表され，無料でアクセスできます。業種別，資本金規模別のデータが所収され，Excel データ等も公開されています。また，『財政金融統計月報』のうち年1号（原則として10月または11月）で「法人企業統計年報特集」として刊行もされています。基本的に（個別）財務諸表ベースです。本節では，一部の対応する法人企業統計調査の指標の数値のうち全産業・製造業・非製造業の部分を抜粋して参考用に提示してあります。

＊日本政策金融公庫「小企業の経営指標調査」

　対象は同公庫が融資を行った従業員50人未満の法人企業であり，やや限定的ではありますが，情報が必ずしも多くない小企業についての分析指標を得ることができます。年1回（原則として8月），ネット上で公表され，無料でアクセスできます。

＊日本政策投資銀行設備投資研究所『産業別財務データハンドブック』

　有価証券報告書のデータを基礎とした上場企業の産業別データとそれに基づく指標集であり，年1回刊行されています。連結財務諸表と（個

別）財務諸表の双方についてのデータが得られます。ただし、ネット等では公開されておらず、有料の冊子で公刊されています。

なお、1株当たり分析の指標に関しては、後述する本節❹（p. 240）で入手先を示しています。

そこで、第5章で取り上げた指標のうち、データが入手できるものについて、本書の編集段階での数値を参考値として掲載しておきます。なお、発刊後の最新データは、年1回程度、ビジネス会計検定試験のWebページ（https://www.b-accounting.jp/text/text.html）に掲載します。

② 安全性の指標

安全性については、法人企業統計調査の指標データを取り上げます。法人企業統計調査は45業種58区分（全産業、製造業、非製造業などの集約区分を含む）についての過去10年度のデータが掲載されています。なお、年度については、記載の年度（4月1日〜翌年3月31日）中に年次決算をむかえた会社が集計対象となります。例えば2021（令和3）年度は、2021（令和3）年4月1日から2022（令和4）年3月31日までの一年の間に決算日をむかえた会社です。

そこで、全産業（金融業、保険業を除く）、製造業、非製造業の集約区分による全体集計から直近5年度を抽出すると、流動比率と当座比率はそれぞれ図表5-23と図表5-24のようになります。

なお、ここで集計対象には、金融業・保険業は含まれていません。金融業・保険業は負債の割合が大きく、損益計算も通常の製造業や非製造業とは異なった仕組みであるため、全体的な集計になじまないためです。本節の以下の記述では、法人企業統計調査を用いている部分の「全産業」には、金融業・保険業は含まれていないことに留意しておきましょう。

図表 5-23 流動比率（％）

区分 ＼ 年度	2017 （平成29）	2018 （平成30）	2019 （令和元）	2020 （令和2）	2021 （令和3）
全 産 業	142.3	144.5	142.7	149.1	151.8
製 造 業	149.8	148.0	146.7	150.8	154.6
非製造業	139.3	143.1	141.2	148.5	150.7

図表 5-24 当座比率（％）

区分 ＼ 年度	2017 （平成29）	2018 （平成30）	2019 （令和元）	2020 （令和2）	2021 （令和3）
全 産 業	88.9	89.2	86.6	91.4	92.6
製 造 業	95.7	96.0	93.0	98.8	97.8
非製造業	86.2	86.5	84.1	88.6	90.5

　流動比率と当座比率は，ともに製造業の方がやや高いですが，このところ流動比率はともに改善方向にあるものの，当座比率は製造業はやや下落しています。

　自己資本比率については，図表5-25で，集約区分と資本金別のデータを掲載しています。

区分 ＼ 年度	2017 （平成29）	2018 （平成30）	2019 （令和元）	2020 （令和 2 ）	2021 （令和 3 ）
全　　産　　業	41.7	42.0	42.1	40.7	40.5
製　　造　　業	48.6	49.9	49.0	48.8	49.4
非　製　造　業	39.1	39.1	39.6	37.7	37.3
資　本　金　別					
10 億 円 以 上	45.2	45.5	44.8	43.1	42.8
1 億 円 ～10億 円 未 満	40.2	42.0	42.7	42.2	43.1
1,000万円～ 1 億円未満	41.0	41.2	42.8	41.4	41.0
1,000 万 円 未 満	20.5	19.3	17.1	17.9	16.8

　自己資本比率は，非製造業がやや下落しています。また，第 8 節❺
（p. 192）で述べた中小企業（ここでは資本金1,000万円未満）の比率の
低さが際立っています。

　なお，正味運転資本と手元流動性（手元資金）は金額データのため，
会社特有のデータであり，全体集計にはなじみません。

❸　収益性の指標

　収益性についても，法人企業統計調査の指標データを取り上げます。

(1)　総資本経常利益率と構成要素

　まず，総資本経常利益率と，その構成要素である売上高経常利益率お
よび総資本回転率の集約区分別の指標データを，それぞれ図表 5 -26と，
図表 5 -27および図表 5 -28に示しておきましょう。

年度 / 区分	2017 （平成29）	2018 （平成30）	2019 （令和元）	2020 （令和2）	2021 （令和3）
全 産 業	4.9	4.7	4.0	3.4	4.3
製 造 業	6.1	5.7	4.7	4.4	6.3
非製造業	4.4	4.4	3.7	3.1	3.5

図表 5 -26　総資本経常利益率（%）

年度 / 区分	2017 （平成29）	2018 （平成30）	2019 （令和元）	2020 （令和2）	2021 （令和3）
全 産 業	5.4	5.5	4.8	4.6	5.8
製 造 業	7.0	6.6	5.7	6.0	8.3
非製造業	4.9	5.0	4.5	4.1	4.8

図表 5 -27　売上高経常利益率（%）

年度 / 区分	2017 （平成29）	2018 （平成30）	2019 （令和元）	2020 （令和2）	2021 （令和3）
全 産 業	0.90	0.87	0.83	0.74	0.73
製 造 業	0.88	0.87	0.83	0.74	0.77
非製造業	0.91	0.87	0.83	0.74	0.72

図表 5 -28　総資本回転率（回）

　総資本経常利益率は，2020年度に製造業では資本回転率，非製造業では売上高経常利益率と資本回転率がともに下落して悪化しています。2021年度には非製造業で資本回転率がさらに下落したものの売上高経常利益率が改善し，製造業では2つの要素がともに改善して総資本経常利益率は改善しています。

(2)　自己資本利益率とその構成要素

　法人企業統計調査では，本書で取り上げた自己資本当期純利益率は指標としては掲載されていません。その代わり，自己資本税引前当期純利益率が掲載されています。法人企業統計調査自体は，外部株主による評価を前提とした上場会社を前提とした指標群ではなく，小会社やオーナー企業を始め多様な非上場会社を含んだ会社を対象としていると考えることができます。また，売上高当期純利益率や財務レバレッジも指標としては存在しません。

　そこで，以下では，法人企業統計調査で公表されている財務諸表の集計データから集約区分別に指標を計算して，図表5-29で自己資本当期純利益率，図表5-30で売上高当期純利益率，図表5-31で財務レバレッジを提示しておきましょう。総資本回転率はすでに図表5-28に示したとおりです。自己資本は純資産から新株予約権を控除しました。

図表5-29　**自己資本当期純利益率（%）**

区分＼年度	2017 （平成29）	2018 （平成30）	2019 （令和元）	2020 （令和2）	2021 （令和3）
全 産 業	8.4	8.2	5.9	5.0	7.7
製 造 業	9.3	8.3	5.6	6.3	9.9
非製造業	8.0	8.2	6.1	4.4	6.7

年度 / 区分	2017 (平成29)	2018 (平成30)	2019 (令和元)	2020 (令和2)	2021 (令和3)
全 産 業	4.0	4.0	3.0	2.8	4.4
製 造 業	5.3	4.8	3.3	4.2	6.5
非製造業	3.5	3.7	2.9	2.3	3.5

図表 5-31　財務レバレッジ（％）

年度 / 区分	2017 (平成29)	2018 (平成30)	2019 (令和元)	2020 (令和2)	2021 (令和3)
全 産 業	239.9	238.1	237.6	245.9	247.1
製 造 業	205.6	200.4	204.0	204.8	202.5
非製造業	255.5	255.9	252.8	265.4	268.5

　自己資本利益率は，2021年度は，製造業ではここ5年で最良になっています。非製造業は最良ではありませんが，改善の方向です。いずれも最も主要な要因は売上高当期純利益率の向上です。

❹　1株当たり分析の指標

　1株当たり分析は，株価等の資本市場で形成されているデータと関連しますし，安全性や収益性という伝統的な指標とは結びつかない場合もあります。

　そこで，第11節で説明した指標のうち，株価収益率，株価純資産倍率および配当性向について，本書の編集段階での数値を示しておきましょう。

(1) 株価収益率と株価純資産倍率

　株価関連で全体的なデータとして入手しやすいのは東京証券取引所が「統計情報（株式関連）」として公表しているデータです。東京証券取引所の市場は，2022年4月から，プライム，スタンダードおよびグロースの3区分になりました。2022年12月末現在の3区分の単体決算数値に基づく単純平均PER（株価収益率）と単純平均PBR（株価純資産倍率）の公表データは図表5-32のようになります。

図表5-32　PERとPBR（2022年12月末現在）（倍）		
指標 区分	PER	PBR
プライム市場	19.1	1.5
スタンダード市場	15.5	0.8
グロース市場	77.7	4.3

　スタンダード市場のいわゆる解散価値に対する倍率は1倍を下回っています。グロース市場の株価は，平均的には他の区分よりも高い評価になっていますが，PERとPBRは本来は個別銘柄についての判定指標です。

　なお，上場企業の個別銘柄のPER，PBRの日々の情報は，日本経済新聞電子版の会社情報から入手することができます。

(2) 配当性向

　東京証券取引所のデータでも産業集計区分別の配当性向がありますが，連結数値によるもののため，図表5-33で法人企業統計調査の数値を示しておきましょう。

区分＼年度	2017 （平成29）	2018 （平成30）	2019 （令和元）	2020 （令和2）	2021 （令和3）
全 産 業	37.9	42.2	54.3	68.1	47.4
製 造 業	40.3	46.6	69.0	54.9	44.0
非製造業	36.7	40.2	48.2	76.9	49.8

　わが国では，1株当たり配当額を毎期一定に保つ安定配当を分配の基本とする会社が多かったため，利益の増加・減少が配当性向の減少・増加となって現れることが多かったのですが，徐々に配当性向を一定にする方向での分配をする会社が増えてきています。

第14節　財務諸表分析の展開

　本章では，多様な財務諸表分析の指標のうち，とくに考え方の基本となる指標に絞って解説しました。伝統的な分析体系だけに限っても，実際には多様な分析指標があります。一世紀を超える分析指標の開発過程を経て定着してきた分析方法を学ぶことは，財務諸表が企業の総合的な状況を表現する代表的な情報であることから，企業人だけでなく，企業の事情を知ろうとする一般の人々にとっても，有用性がきわめて高いものです。

　財務諸表分析の知識と分析能力は，単なる検定受験のための道具ではありません。ビジネス会計検定は，学習を通じて，ビジネスの根幹となる企業の実態を財務諸表を通じて解読する能力を養うことを目的としています。本書の範囲で扱った基本指標の理解を端緒として，2級や1級で扱われる奥深い財務諸表分析の応用領域に学習を進めて，企業の状況

を読む能力をより一層高めて，企業の分析についての十分な学識に支えられたビジネスパーソンとして活躍されることが期待されます。

3級で対象となる主要指標

テキスト第5章掲載分。ただし、これら以外にも派生的な指標があり、すべてを網羅したものではありません。

基本分析：百分比財務諸表分析（第5節）		単位
貸借対照表構成比率	$= \dfrac{\text{貸借対照表の各項目の金額}}{\text{資産合計（または負債純資産合計）}} \times 100$	％
百分比損益計算書	$= \dfrac{\text{損益計算書の各項目の金額}}{\text{売上高}} \times 100$	％
成長性および伸び率の分析（第7節）		
対前年度比率	$= \dfrac{\text{分析対象年度の金額}}{\text{分析対象年度の前年度の金額}} \times 100$	％
伸び率（増減率）	$= \dfrac{\text{分析対象年度の金額} - \text{分析対象年度の前年度の金額}}{\text{分析対象年度の前年度の金額}} \times 100$	％
対基準年度比率	$= \dfrac{\text{分析対象年度の金額}}{\text{基準年度（特定年度）の金額}} \times 100$	％
安全性の分析（第8節）		
流動比率	$= \dfrac{\text{流動資産}}{\text{流動負債}} \times 100$	％
正味運転資本	＝流動資産－流動負債	金額
手元流動性（手元資金）	＝現金及び預金＋有価証券	金額
当座比率	$= \dfrac{\text{当座資産}}{\text{流動負債}} \times 100$	％
自己資本比率	$= \dfrac{\text{自己資本}}{\text{負債純資産合計}} \times 100$	％
キャッシュ・フロー情報の利用（第9節）		
フリー・キャッシュ・フロー	＝営業活動によるキャッシュ・フロー＋投資活動によるキャッシュ・フロー	金額
収益性の分析（第10節）		
総資本経常利益率	$= \dfrac{\text{経常利益}}{\text{負債純資産合計}} \times 100$	％
売上高経常利益率	$= \dfrac{\text{経常利益}}{\text{売上高}} \times 100$（百分比損益計算書の経常利益率）	％

総資本回転率	$=\dfrac{売上高}{総資本}$	回
自己資本利益率	$=\dfrac{当期純利益}{自己資本}\times 100$	％
売上高当期純利益率	$=\dfrac{当期純利益}{売上高}\times 100$（百分比損益計算書の当期純利益率）	％
財務レバレッジ	$=\dfrac{総資本}{自己資本}\times 100$	％
1株当たり分析（第11節）		
1株当たり当期純利益	$=\dfrac{当期純利益}{発行済株式数（自己株式を除く）}$	金額
株価収益率（PER）	$=\dfrac{1株当たり株式時価}{1株当たり当期純利益}$	倍
1株当たり純資産	$=\dfrac{純資産}{発行済株式数（自己株式を除く）}$	金額
株価純資産倍率(PBR)	$=\dfrac{1株当たり株式時価}{1株当たり純資産}$	倍
1株当たり配当額	$=\dfrac{配当金総額}{発行済株式数（自己株式を除く）}$	金額
配当性向	$=\dfrac{1株当たり配当額}{1株当たり当期純利益}\times 100$　または$=\dfrac{配当金総額}{当期純利益}\times 100$	％
時価総額	$=1$株当たり株価×発行済株式数（自己株式を含む）	金額
1人当たり分析（第12節）		
従業員1人当たり売上高	$=\dfrac{売上高}{従業員数}$	金額

索　引

ビジネス会計検定試験のご案内
～社会人・大学生の会計リテラシー向上のために～

1．趣　旨

　企業の経営活動が複雑化，多様化する中で，自社や取引先あるいは投資先などの経営実態を正しく把握するための手段として，代表的な企業情報である会計情報（貸借対照表や損益計算書などの財務諸表（決算書））を理解する能力（会計リテラシー）がますます重要になっています。

　とくに企業においては，会計情報に関する知識・スキルは，経理・財務部門だけでなく，営業や企画，総務などさまざまな部署で，また新入社員から経営幹部まで幅広く求められる能力となっております。

　大阪商工会議所は，こうした状況を踏まえ，財務諸表を作成するという立場ではなく，これらを情報として理解し，ビジネスに役立てていくということに重点を置いた「ビジネス会計検定試験」を開発し，平成19年度から実施しています。

　本検定試験は，簿記を知らなくても，財務諸表の構造や諸法令などの知識や分析を通して，財務諸表が表現する企業の財政状態，経営成績，キャッシュ・フローの状況などを判断する能力を問うものです。商工会議所が従来実施している日商簿記検定試験に加えて本検定試験を実施することにより，会計リテラシーを持つ人材の裾野を拡大したいと考えております。

2．級別概要

	3　級	2　級	1　級
到達目標	会計の用語，財務諸表の構造・読み方・分析等，財務諸表を理解するための基礎的な力を身につける。	企業の経営戦略や事業戦略を理解するため，財務諸表を分析する力を身につける。	企業の成長性や課題，経営方針・戦略などを理解・判断するため，財務諸表を含む会計情報を総合的かつ詳細に分析し企業評価できる力を身につける。
出題範囲	1．財務諸表の構造や読み方に関する基礎知識 ①財務諸表とは （財務諸表の役割と種類） ②貸借対照表，損益計算書，キャッシュ・フロー計算書の構造と読み方 （貸借対照表〈資産，負債，純資産〉・損益計算書〈売上総利益，営業利益，経常利益，税引前当期純利益，当期純利益〉・キャッシュ・フロー計算書の内容）	1．財務諸表の構造や読み方，財務諸表を取り巻く諸法令に関する知識 ①会計の意義と制度 （会計の役割，会計の制度〈金融商品取引法・会社法の会計制度，金融商品取引所の開示規則〉） ②連結財務諸表の構造と読み方 （財務諸表の種類，連結貸借対照表・連結損益計算書・連結包括利益計算書・株主資本等変動計算書・連結キャッシュ・フロー計算書の内容，附属明細表と注記）	1．会計情報に関する総合的な知識 ①ディスクロージャー （会社法上のディスクロージャー，金融商品取引法上のディスクロージャー，証券取引所のディスクロージャー，任意開示，ディスクロージャーの電子化） ②財務諸表と計算書類 （財務諸表と計算書類の体系，連結損益計算書・連結包括利益計算書・連結貸借対照表・連結キャッシュ・フロー計算書・連結株主資本等変動計算書の内容） ③財務諸表項目の要点 （金融商品，棚卸資産，固定資産と減損，繰延資産と研究開発費，引当金と退職給付，純資産，外貨換算，リース会計，税効果，会計方針の開示および会計上の変更等，連結財務諸表注記と連結附属明細表，セグメント情報，企業結合・事業分離） ④財務諸表の作成原理 （概念フレームワーク，会計基準，内部統制）

	2．財務諸表の基本的な分析 ①基本分析 ②成長率および伸び率の分析 ③安全性の分析 ④キャッシュ・フロー情報の利用 ⑤収益性の分析 ⑥１株当たり分析 ⑦１人当たり分析	2．財務諸表の応用的な分析 ①基本分析 ②安全性の分析 ③収益性の分析 ④キャッシュ・フローの分析 ⑤セグメント情報の分析 ⑥連単倍率と規模倍率 ⑦損益分岐点分析 ⑧１株当たり分析 ⑨１人当たり分析	2．財務諸表を含む会計情報のより高度な分析 ①財務諸表分析 　分析の視点と方法，収益性の分析，生産性の分析，安全性の分析，不確実性の分析，成長性の分析 ②企業価値分析 　企業価値評価のフレームワーク，割引キャッシュ・フロー法による企業価値評価，資本コストの概念，エコノミック・プロフィット法による企業価値評価，乗数アプローチによる企業評価

＊上位級は下位級の知識を前提としています。

3．実施方法

	3　級	2　級	1　級
施行形式	年２回の公開試験 10月と３月に実施		年１回の公開試験 ３月に実施
受験資格	学歴・年齢・性別・国籍に制限はありません。		
問題形式	マークシート方式		マークシート方式と論述式
試験時間	２時間		２時間30分
合格基準	100点満点とし，70点以上をもって合格とします。		マークシート方式と論述式各100点，合計200点満点（論述式の得点が50点以上，かつ全体で140点以上）
受験料 （税込み）	4,950円	7,480円	11,550円

　級別概要・実施方法は本書出版時のものです。受験料にかかる消費税は，試験施行日の税率が適用されます。

　試験に関する最新の情報は，ビジネス会計検定試験のホームページでご確認ください。
URL = https://www.b-accounting.jp

ビジネス会計検定試験　テキスト作成委員会

〈委 員 長〉	笹倉　淳史	（関西大学）
〈副委員長〉	梶浦　昭友	（関西学院大学）
	高村　健一	（サントリーホールディングス株式会社）
〈委　　　員〉	岩下　哲郎	（日立造船株式会社）
	片桐　真吾	（株式会社ユニオン）
	阪　　智香	（関西学院大学）
	首藤　昭信	（東京大学）
	杉田　宗久	（近畿税理士会）
	杉野　　哲	（大阪ガス株式会社）
	永井　琢也	（コクヨ株式会社）
	林　　隆敏	（関西学院大学）
	松本　祥尚	（関西大学）
	横手　大輔	（大和ハウス工業株式会社）

3級テキスト執筆者一覧

執筆者

松尾　聿正	（関西大学）	第1章
梶浦　昭友	（関西学院大学）	第1章，第5章
笹倉　淳史	（関西大学）	第2章
阪　　智香	（関西学院大学）	第3章
林　　隆敏	（関西学院大学）	第4章

【編　　者】

大阪商工会議所

1878年設立。商工会議所法に基づいて設立された地域総合経済
団体。約3万の会員を擁し，大阪のみならず関西地域全体の発
展を図る公共性の高い事業に取り組んでいる。企業の人材育成
に資するため，各種検定試験を実施している。

URL＝https://www.osaka.cci.or.jp

試験に関する情報や公式テキスト・過去問題集の正誤情報等は，
ビジネス会計検定試験のホームページをご確認ください。
https://www.b-accounting.jp

ビジネス会計検定試験®公式テキスト3級
［第5版］

2007年3月15日	第1版第1刷発行	
2008年7月10日	第1版第26刷発行	
2009年2月20日	第2版第1刷発行	
2013年10月30日	第2版第90刷発行	
2014年3月10日	第3版第1刷発行	編　者　大阪商工会議所
2018年11月5日	第3版第131刷発行	発行者　山　本　　　継
2019年4月1日	第4版第1刷発行	発行所　㈱中央経済社
2023年1月30日	第4版第133刷発行	発売元　㈱中央経済グループ
2023年3月10日	第5版第1刷発行	パブリッシング
2024年10月30日	第5版第6刷発行	

〒101-0051　東京都千代田区神田神保町1-35
電話　03（3293）3371（編集代表）
03（3293）3381（営業代表）
https://www.chuokeizai.co.jp

© 大阪商工会議所，2023
Printed in Japan

印　刷／東光整版印刷㈱
製　本／㈲井上製本所